云南文库

学术名家文丛

熊锡元学术文选

熊锡元 著

雲南大學出版社
雲南人民出版社

作者简介

熊锡元（1918—1999年），江西安义县人。云南大学人文学院历史系教授，我国著名的民族理论学家。1938年到1942年先后就读于复旦大学和云南大学政治系，1942年毕业并留校任教，1952年至1955年在中国人民大学法律系国家法研究生班学习，回校后任政治系助教、讲师。1960年起在云大历史系中国民族史教研室工作，从事民族理论的教学与研究，历任讲师、副教授、教授，中国民族理论学会顾问、云南民族学学会学术委员、云南大学出版社特约编审。

1996年和1997年，被英国剑桥世界传记中心（IBC）及美国传记中心（ABI）分别收入名人录。

熊锡元先生先后发表了民族理论学、宗教学、苏联民族问题及民族文化诸方面的学术论文50余篇，出版专著《民族理论基础》及论文集《民族特征论集》，并参与编写大量大学历史专业教材。1994年出版了《民族心理与民族意识》一书。

熊锡元先生一生热爱教育科研事业，治学严谨，勤于笔耕，著作等身，成果卓著，在国内外学术界享有较大的声誉，为中国民族理论学科建设和发展做出了重大贡献。

熊锡元先生热爱祖国，热爱教育事业。一生清白正直，刚正豁达，执著淡泊，谦逊认真。他为提高民族文化素质，向贫困青年学子伸出援助之手，先后以微薄的收入捐助“希望工程”累计达近万元，体现了一名优秀学者的高贵品质。

总　序

中共云南省委书记　李纪恒

“盖文章，经国之大业，不朽之盛事。”一部承载责任与使命的好作品，必将是一部千古不朽的立言典范，也必将是一部历久弥新的传世教科书。千百年来特别是明代以来，许多贤人君子和名人大家在广袤的云岭大地耕耘、思考和写作，留下了闪光的足迹和丰厚的作品，足以飨及后进，启迪晚辈。在搜集、遴选和整理云南明代以来学术大家、学术名家著作的基础上，由云南宣传部门牵头推出了《云南文库》，这一丛书的面世诚为云南学术研究和出版界之盛事。

编纂《云南文库》是传承云南地域文明、提高云南文化自觉的有益尝试。“七彩云南”这片神奇的土地孕育了对中国乃至世界文明都有重要影响的古人类，造就了云南文化的丰厚积淀，从而构成了博大精深的云南文化艺术宝库。作为中华文化圈、印度文化圈和东南亚文化圈的交汇地，云南自古以来都不缺乏学贯中西的大师和博古通今的大家，从来都不缺乏魅力四射的光辉著作和壮美奇绝的文化遗存。其中，许多学术作品都凝聚了深邃的思想和超凡的智慧，体现了鲜明的地域特色和民族特色，彰显了有云南自身特点的知识谱系和学术传统。今天，我们将历史长河中的明珠拾起，用心记载云南学术史上的灿烂篇章，正是为了守护云南优秀的地域文化，为了汲取进一步繁荣发展云南哲学社会科学的养分和动力，进而筑牢云南文化自信的根基。

编纂《云南文库》是树立云南文化品牌、增强云南文化影响力的重要举措。云南文化是中华文化的有机组成部分，其悠久的历史文化、多彩的民族文化、独特的生态文化、包容的宗教文化，已经成为文化百花园中一枝流光溢彩、香飘四海的奇葩。千百年来，云南学者中英奇瑰伟之士以及众多寓居云南的外省学者念兹在兹，深植于云南沃土，扎根于传统文化，不懈探索、勤奋撰述，留下了一批经得住历史和实践检验的珍贵成果。特别是抗战时期，随着西南联合大学和相关研究机构的到来，昆明一时风云际会，云集了大批我国现代学术史上开宗立派的学术大师和著名专家，云南成为当时中国学术中心之一，诞生了大批学术经典。新中国成立后，云南学术研究取得很大进展，研究队伍空前壮大，学科建设卓有成效，学术成果日益丰硕，推出了一批享誉国内外的学术精品。近年来，《云南史料丛刊》《云南丛书》等一批历史文献和地方文献丛书相继刊印，云南文化的影响力和竞争力不断增强。今天，我们隆重推出《云南文库》，就是要为更多的人了解云南、熟悉云南、研究云南搭建一个平台和载体，为云南的经济社会发展、文化建设、文史学术研究等提供有益的历史借鉴，为在更广领域传播云南文化、打造云南品牌、增强云南软实力创造更好条件。

编纂《云南文库》是保障人民群众的基本文化权益的有效途径。文化建设的根本就是要用健康高雅的艺术、用智慧明辨的思想、用善良温厚的德行启迪人、引导人。编纂《云南文库》一个重要目的是丰富人民群众的精神文化生活、增进人民群众的幸福感。此次收入《云南文库》的著作，涉及哲学、历史、文学、语言、艺术、民族、宗教、政治、军事、外交等诸多方面，包含着丰富的自然、社会和人生哲理知识，体现了高度的人文关怀。阅读这些著作，有助于培育读者自尊自信、理性平和、积极向上的心态，有助于引导人们去发现、享用、珍惜世界和人生之美，能使大众的精神世界得以滋养和美化、人格得以陶冶和熏陶、心灵得以安顿和抚慰、情感得以丰富和升华，从而更好地满足人民群众多层次、多方面、多样性的审美需求。

编纂《云南文库》是推动云南跨越发展的必然要求。云南早在1996年就提出了建设“民族文化大省”的目标，是全国最早提出建设民族文化大省的省份之一。2000年，我省正式确立了“建设绿色经济强省、民族文化大省和中国连接东南亚南亚的国际大通道”的三大目标，把文化事业和文化产业的发展纳入了全省经济社会发展战略的范畴。2009年召开的中共云南省委八届八次全委会，作出了把云南建设成为“绿色经济强省、民族文化强省、中国面向西南开放的桥头堡”的重大决策，把云南文化建设推向了一个新的阶段。2011年11月，云南省第九次党代会进一步明确了科学发展、和谐发展、跨越发展的发展主题，要求更加自觉、更加主动地推动文化大发展大繁荣。当前，云南人民正豪情满怀地沿着建设民族文化强省的道路阔步前行，具有云南特色的文化模式已经也必将进一步焕发动人而耀眼的光芒。我们将以打造《云南文库》等一批社科品牌和文化精品为契机，继承优良传统，发挥优势，突出特色，以面向现代化、面向世界、面向未来的宏大眼光，锐意进取，积极开展学术研究，努力创造出无愧于时代、无愧于人民、无愧于历史的优秀学术成果和文化产品，更好地弘扬以高远、开放、包容的高原情怀和坚定、担当、务实的大山品质为主要内容的云南精神。

《云南文库》最终得以发行，首先是众位先贤心血和智慧的结晶。在此，我们要对创造了云南学术精品并因此而为中华文化做出杰出贡献的学者们表示崇高的敬意！在《云南文库》的编纂过程中，相关编纂单位、出版单位和参加整理的学者，以高度的责任感和使命感，兢兢业业地做好编校和出版工作，正是有了他们的辛勤劳动和精心工作，才有如今的翰墨流芳。在此，我要诚恳地道一声，大家辛苦了！《云南文库》从构想走向现实，离不开众多读者和社会各界人士的支持，我也一并向你们表示诚挚的谢意！同时，衷心希望同志们一如既往地为云南文化建设献智献策，欢迎更多的同仁志士参与到云南文化建设的伟大事业中来！

谨为序。

目 录
Contents

民族心理

民族意识

其 他

民族心理

论民族共同心理素质

共同心理素质是民族的一个重要特征。它是一种比较抽象、复杂但是又很实在的精神现象。民族理论工作者一般都认为对这个特征理解得还不深刻、不全面，研究起来困难是较多的。斯大林在《马克思主义和民族问题》一书中关于共同心理素质的论述，只有寥寥几行字。国内国外讨论民族形成问题涉及这一特征时，也多半比较简略。迄今为止，专文和论著也为数不多。可以说，这个问题在民族理论研究领域中，还是一块尚待开垦的处女地，亟待民族问题理论和民族学研究工作者共同努力，进行探讨。

一

什么叫共同心理素质？作为民族问题理论中的一个专门术语，应当如何表述？

从词义看，心理素质就是指本来的或固有的思想、感情等内心活动。列宁用过“心理特点”的说法①。恩格斯在论述爱尔兰问题时，使用过“民族性格”这个术语②。斯大林在表述这个特征时，或说“结合成一个民族的人们在精神形态上的特点”，或说“表现在民族文化特点上的精神形态”，同时也使用“民族性格”这一术语。他把共同心理素质或叫民族性格，看成一种精神形态是很清楚的，并且认为共同心理素质会“在民族

① 列宁：《崩得在党内的地位》，载《列宁全集》第7卷，人民出版社1956年版，第78页。

② 恩格斯：《英国工人阶级状况》，人民出版社1956年版，第231页。

面貌上打上自己的烙印"①。但除此以外，斯大林对这一特征再也没有作更多的阐述。

在我国学术界，对民族这一重要特征，在文字翻译和使用时，经常出现的有"共同心理素质"、"共同心理状态"、"民族性格"这样三种字面不同的说法，但指的都是一个意思。不过，尽管三者意思类似，在我们具体使用时，却往往在不同场合会有选择性，觉得使用某一个更加合适、贴切。例如涉及某一民族的人们的内心活动时，用"共同心理素质"或"共同心理状态"较好；说到某一民族表露于外的行为特点时，使用"民族性格"较好。在苏联学术界，有的民族学研究者认为，把"共同心理素质"称为"民族性格"更为确切②。此外，在我国，旧时还有"民族性"的说法，指的也是民族性格、精神与心理状态。现在在我国一些有关民族问题理论的文章中，有的还把"民族意识"、"民族感情"理解为心理状态或心理素质。

饶有兴趣的是，在20世纪20年代初，我国近代启蒙学者梁启超就曾在他的史论著作中涉及民族心理学和民族意识问题。他认为："民族成立之唯一的要素，在'民族意识'之发现与确立。何谓民族意识？谓对他而自觉为我。"并解释说，凡在遇到其他民族时立刻有"我中国人"这一观念浮现于脑际的，肯定就是"中华民族之一员"。梁启超还指出，"民族意识"的产生与确立，是一个民族的人们长期"互营共同生活"，"协力分业"，有共同语言文字、信仰、学艺、兴趣爱好，在心理上沟通，自成一个特异的"文化枢系"的结果。这样，在同其他文化体系的人接触时，就"对他而自觉为我"③。梁启超认为民族意识的确立是构成民族的唯一要素，这虽然有失于偏颇；但是，他对形成民族意识的物质条件与精神条件的论述以及对民族心理问题的创见，却是独树一帜的。

我国著名社会学家和民族学家费孝通，曾给共同心理素质下过界说，

① 斯大林：《马克思主义和民族问题》，载《斯大林全集》第2卷，人民出版社1953年版，第294页。

② 查麦梁：《马克思主义民族理论的现实问题》，《民族译丛》1979年第1期。

③ 梁启超：《中国历史上民族之研究》，载《梁任公近著第一辑》下卷，民国十三年（1924年）商务印书馆版，第44-45页。

认为它是“同一民族的人感觉到大家是属于一个人们共同体的自己人的这种心理”。并说，一个民族“总是要强调一些有别于其他民族的风俗习惯、生活方式上的特点，赋予强烈的感情，把它升华为代表这个民族的标志”。他还举我国仡佬族、苗族等民族为例，指出他们“感觉是同一民族的自己人”，“自觉是一个民族的心理十分显著”①。费孝通在这里所说的“感觉”、“自觉”，同苏联有的民族学者所说的“民族自觉意识”、“民族属性觉悟”，也可能有同样的或类似的意思。

我国有的研究者认为，民族心理对于一个民族与属于它的成员的关系来说，具有“内聚性”、“向心性”、“自识性”等三个特点②。这也是对民族共同心理素质涵义的一种理解。

苏联学者对民族心理素质的涵义或概念也有论述。

有的学者认为，“民族的心理素质，是每个民族的特殊生活条件在该民族意识中的反映；这就是各该民族对周围环境的感觉、印象和观念”③。这段话的前半部分是正确的，后半部分则不免失之于空泛。有的学者认为，民族心理素质包括民族性格、民族的自我意识、习惯、趣味以及和民族情感相联系的传统、文化与自豪感等等，而所谓民族的自我意识，就是“人们对自己归属于某一社会民族共同体的意识”④。

民族意识是民族共同心理素质的重要表现，但是它远远不能概括共同心理素质的全部内容，心理素质的内容及表现方面，要比民族意识广泛得多。下面先来谈谈笔者对民族的共同心理素质这一特征的理解，包括它的涵义和属性。只有把概念弄清楚了，才能对这一特征作进一步的论述。

每一个民族，都有表现于文化特点上的共同心理素质。它是一个民族的社会经济、历史传统、生活方式以及地理环境的特点在该民族精神面貌上的反映。共同心理素质尽管比较抽象，但绝不是不可捉摸。一个民族，通过它的语言、文学艺术（包括它的各种表现形式，以及建筑风格与手工

① 费孝通：《关于民族识别问题》，《中国社会科学》1980 年第 1 期。

② 刘伯鉴：《关于建立中国民族学科学体系的探讨》，《民族研究》1981 年第 3 期。

③ ［苏］阿·叶果罗夫：《论艺术的民族特点》，《民族问题译丛》1956 年第 5 期。

④ ［苏］E. C. 库兹明、B. E. 谢苗诺夫著：《社会心理学》，卢盛忠译，杭州大学心理系译本，1980 年版，第 210－211 页。

艺等)、社会风尚、生活习俗、宗教信仰，以及对祖国和人民的热爱、对乡土的眷恋，表现出自己的爱好、兴趣、能力、气质、性格、情操、审美观和民族意识与自豪感，这就构成该民族在共同心理素质上的特征。正是这些特征，使这一民族在精神面貌上区别于其他民族。斯大林曾以英吉利人、北美利坚人、爱尔兰人为例，指出他们虽然语言相同，但终究是三个不同的民族；一个重要原因，就是“他们历代因生存条件不同”，形成了各自特殊的共同心理素质①。

共同心理素质有自己特定的属性。我们可以从四个方面略加探讨。

民族的共同心理素质，是社会物质生活和文化生活条件综合作用于民族精神面貌的表现与结果。

共同心理素质的形成无疑是一个长过程，但在民族的共同地域、共同语言和共同经济生活形成的过程中，共同心理素质也同时随之产生和逐步形成；这就是说，作为民族所共有的爱好、兴趣、能力、气质、性格等等，在一个人们共同体开始形成为民族时也就自然萌芽成长。共同语言是共同心理素质的表现形式，又是构成后者的重要材料。共同地域在一定意义上说就是地理环境；地理环境的不同以及气候差别，对民族心理、民族性格的形成会给予或多或少的影响，赋予某些特征。根据社会存在决定社会意识的原理，共同经济生活在民族心理素质形成的过程中起着重要作用。例如资本主义方式的经济生活，对一个民族的爱好、兴趣、能力、气质、性格和情操等等都会产生很大影响。此外，民族心理素质的形成，同本民族风俗习惯、宗教信仰又都有密切关系。我们所说的民族的共同心理素质，就是上述所有因素综合作用于一个民族的精神面貌的表现与结果。

共同心理素质不是阶级的意识形态，不能把这个范畴和文化等同起来。

共同心理素质和文化既有密切联系又有重大区别。斯大林在《马克思主义和民族问题》一书中给民族下定义时，其提法是“表现于共同文化上的共同心理素质”，但在同书中另外两处，以及《民族问题和列宁主义》

① 斯大林：《马克思主义和民族问题》，载《斯大林全集》第2卷，人民出版社1953年版，第294页。

一书关于民族的定义中，则都是用“表现于民族文化特点上的共同心理素质”①。显然，在“文化”后面加上“特点”二字，无疑是更加确切、更加科学的，这样就不致把共同心理素质和文化等同起来。文化中的思想意识形态，是一定社会政治和经济的反映，属于上层建筑，在阶级社会中都不免打上阶级烙印；而共同心理素质则为全民族所共有，表现在整个民族的精神面貌上，是一个群众性、全民性的现象。一个民族内部存在着不同的阶级，不同阶级在思想意识上有很大区别，这并不排斥共同心理素质的全民性。

共同心理素质和风俗习惯有密切联系，风俗习惯可以表现共同心理素质，但是不应把二者等同起来。

前面说过，一个民族的共同心理，是通过语言、文学艺术的各种形式、社会风尚、生活习俗以及宗教信仰等等表现出来的。非常明显，我们不能把这些现象、事物、活动本身就看做心理素质或心理状态。有的文章在谈到民族共同心理素质时，把一个民族的衣食住行特点、风俗习惯、文学艺术等和共同心理素质等同起来，我认为是不恰当的。例如风俗习惯，既对共同心理素质的形成起重要作用，又曲折地反映了一个民族的共同心理素质，但风俗习惯本身毕竟不等于共同心理素质。否则，为什么不直接提风俗习惯而要用心理素质这个词？我们说，泼水节是傣族的一种风俗习惯，孔雀舞是傣族的一种艺术形式，都能反映傣族的共同心理素质，即对邪恶的仇视与鄙弃，对善良、美好、吉祥与和平的爱好和憧憬等等，但不能说泼水节、孔雀舞就是这个民族的共同心理素质。又如，壮族有“以歌代言”的习尚，“歌圩”是壮族的一种风俗习惯，壮族把善于唱歌视为聪明才智的表现，甚至是衡量社会道德的一个标准，这都是心理状态的反映。但是，同样我们也不能说“歌圩”就是壮族的共同心理素质。就范围和内容来看，共同心理素质要比风俗习惯广得多、深得多；就表现形式来看，两者也是不同的，风俗习惯具有物质条件和明显的活动方式，是一眼就可以看出来的社会现象；共同心理素质则不直接依赖物质条件，并且只

① 《斯大林全集》第2卷，人民出版社1953年版，第294页；第11卷，人民出版社1955年版，第286页。

表现于精神状态与特点上面，不存在什么看得见的活动形式。

共同心理素质一旦形成，就具有极大的稳定性，但是也会随着社会物质生活条件的变化而变化。

一方面，共同心理素质具有极大的稳定性和持久性，不会轻易消失和磨灭。这一点，后文还要再作一些论述。另一方面，一个民族的共同心理素质，既然是社会物质生活条件的产物，也必然会随物质生活条件的变化而变化，打上时代的烙印，例如一种新的社会制度代替旧的社会制度之后。不过，由于共同心理素质具有全民性、稳定性、连续性和持久性这些特点，其变化又是渐进的、缓慢的、细微的，在短暂时间内是不容易察觉的。

以上四个方面，也就是共同心理素质的质的规定性。

二

弄清共同心理素质的涵义和属性后，我们就可以进一步对它作一些具体的研究。民族的共同心理素质并非只可意会，不能言传。下面以中外一些民族为例，试作分析，借以加深理解，有利于探讨。

在苏联学术界，有的人认为，民族心理素质可以表现为气质、行为特点、劳动习惯等等的不同，并且举德国人"仔细认真"，英国人的"求实精神"，以及马克思所提到过的俄国人的"沉着热情"为例来说明①。马克思还说过，英国人有着"严肃的但是迟缓的性格"。如果我们对上述说法作一个注释，是否可以这样看：德国人的仔细认真，是造就德意志这个民族在科学技术与工业发展上作出卓越贡献的一个因素？英国人的严肃和求实精神，既反映了英吉利民族的稳重、踏实，也反映了它的保守；它讲求实效但是墨守成规，例如还保留着君主制的形式，非常重视不成文法、习惯和传统。再说俄国人的沉着热情，在1917年十月的革命胆略中就有

① Л. М. 罗加乔夫、М. А. 斯维尔德林：《论民族概念》，《民族译丛》1979年第1期。

所反映。俄国出了列宁，第一个实现了社会主义革命，产生了《伏尔加船夫曲》这样的音乐作品……俄罗斯民族的性格确有不同于其他民族之处。如果我们再给美利坚民族概括出一个属于气质、性格和行为方面的特点，是否可以用“富于进取”这四个字？美利坚民族比较年轻，我认为它有这个特点，例如表现在18世纪末至19世纪对西部的开发上。恩格斯就说过，在资本主义的刺激下，美利坚人具有狂热的事业心。此外，法国人在民族性格上有标新立异的特点；日本民族在性格、行为和劳动习惯方面，可以说具有既善于模仿、又精于创新的特点。

说了世界上几个较大民族在气质、性格和行为上的特点，那么可不可以对我们的具有悠久历史和伟大贡献之一的民族——汉族的民族性格也作一个概括呢？我认为，用“坚韧不拔”这四个字是恰当的。它在历代人民革命，在古代经济文化的杰出发明和创造上都有反映和表现。从气质与行为特点或性格来看，我们还可以举出，藏族具有豪迈豁达的特点，回族具有和衷共济的特点，傣族具有温文尔雅的特点，维吾尔族具有爽朗明快的特点，蒙古族具有刚毅粗犷的特点，等等。这同这些民族的历史传统、生活特点和地理环境都有密切关系。

必须指出，上面所说的外国和我国几个民族在气质、行为和性格上的特点，只是说在各该民族中比较显著突出，或者说，以此著称，以此见长，以此取胜，绝不是说为某一民族所独有，其他民族就不可能或多或少具有那种气质、行为和性格上的特点，这是不言而喻的。

还需要明确，用几个字或一句话来说明某个民族的心理素质、性格特点，毕竟有很大局限性，容易挂一漏万，不可能讲清楚。这里我们再引用恩格斯评论爱尔兰民族和其民族性格的两段话，作为一个范例来看。这两段话描绘得比较全面、生动，因而可以帮助我们进一步理解什么是共同心理素质。

一段话是恩格斯引用别人的说法：爱尔兰人认为，“他们机警而又轻率、急躁，没有耐性而又缺乏远见；他们生来就勇敢，落落大方；受到侮辱就马上报复或立即宽恕，交朋友快，绝交也快；他们天才四溢，但是判断力却差得可怜”。

另一段话是恩格斯自己的评论：“在爱尔兰人身上，感情和热情无疑地是占优势的，理性必须服从它们。爱尔兰人这种重感情的容易激动的性格使他们不能深思熟虑，妨害他们从事冷静的坚忍的活动。”①

这两段话对我们分析一个民族的心理素质很有启发。上面说过，通过文学艺术的各种形式，社会风尚，以及建筑风格等等，可以表现出一个民族的共同心理素质。我们以汉民族为例，试从细处略加分析，是不是可以这样看：通过古典小说、诗词；国画以及书法；京剧；传统建筑艺术（如雕梁画栋、楼台亭榭、宫殿、庙宇），园林和庭院；乃至于对松、鹤的爱好等等，民族性格即在此中陶冶，共同心理素质因而得到间接的反映。当然，要把这种表现和反映说得很具体也不容易。国画也好，京剧也好，宫殿式建筑也好，庭院园林设计与布局也好，都反映了东方对美和自然以及艺术的传统观念和民族特色。如果说，油画、钢筋混凝土建筑等等只能发源于资本主义产生较早的西欧，那么，正如水墨画、苏州园林和以北京故宫为代表的宫殿式建筑等等只能产生于中国一样，都各有其历史的、经济的、民族心理的因素。我国封建社会长期延续，汉民族的共同心理素质是在长期封建社会中形成的，就基本方面来看，它是内向性较为明显的一个民族；它浑厚、质朴而又纤细；重感情，但不是那么奔放，而是比较含蓄，藏于内而少形于外，同时又富有坚韧的特点。具有坚韧不拔和上述气质、行为和性格特点的汉民族，在与各兄弟民族相互学习、取长补短的过程中，经过两三千年，创造出如此光辉灿烂、大放异彩的古代文化，绝不是偶然的，确实是值得自豪的。

当然，汉民族的共同心理素质既然是在长期封建社会中形成的，因此也不可避免地会包含一些消极的东西，或者说糟粕，诸如因循、保守、矜持、自大、忠君、愚孝等等。这一类短处，对我国封建社会的长期延续起过作用；在近代历史时期也曾有所反映；甚至在社会主义时期的动乱年代，民族心理中的某些消极因素也成为培植个人崇拜和极左思潮的土壤。

有一些民族，其共同心理素质中某些特征的形成，同宗教信仰有一定的关系。我国回族、藏族、傣族、蒙古族便是这样。这些民族对一种宗教的信仰比较普遍。例如，在历史上，信仰南传上座部佛教在傣族社会具有

① 恩格斯：《英国工人阶级状况》，人民出版社 1956 年版，第 321、322 页。

全民性，宗教意识渗入社会生活的各个领域，傣族节日以及文娱社交活动都同宗教有着或多或少的联系，因此后者不能不在民族的精神面貌和性格上打下烙印。傣族温文尔雅，重和睦、轻纷争的心理素质，看来同他们笃信南传上座部佛教，力求“自我解脱”的宗教意识有密切关系。

一个民族的共同心理素质，还可能通过某种事物，反映在对祖国和历史传统的热爱即民族自豪感上面。例如在荷兰这个国家，风车俨然成为民族历史的一个见证。荷兰人利用风车排水，与海争地，已有好几个世纪的历史，风车为这个民族和国家建立了不朽的历史功绩，因此荷兰人对风车具有特殊感情，甚至带上一点尊敬。现在虽然很少用风车了，但是还有不少风车被作为古董保留下来，至今人们在节日时仍然要给风车打扮一番，张灯结彩。原来，荷兰人是这样看的：“上帝创造了海，荷兰人创造了岸。”大片陆地就是他们利用风车排水填起来的。可以说，这就是一种民族心理素质或心理状态的反映，就是民族自豪感。

被压迫民族所具有的特殊的心理状态，也是应当重视的一种精神现象。一般说来，这又有以下两种情况。

一种情况是：当一个民族受到外国和异族的侵略与压迫时，全民族同仇敌忾、视死如归的反抗心理，就会强烈地表现出来。在外来侵略与压迫下，一个民族可能暂时遭受蹂躏，但是绝不会永远屈服于强暴。资本主义、帝国主义压迫与奴役殖民地民族，时间短的几十年，有的长达几百年，但如今大部分都被殖民地民族赶走了。被压迫民族不可侮，就因为他们的反抗精神和心理给自己带来了巨大的力量。我们可以清楚地看到，一切被压迫的民族，在共同心理素质方面都有一些显著的特点，诸如：同殖民主义、帝国主义压迫民族在政治上的根本对立，因此产生的民族自觉意识；对祖国的深厚感情和保卫祖国的观念，为谋求自由解放而斗争的民族精神，民族内部大多数人在民族解放斗争中休戚与共的关系；文化艺术上反映民族苦难和反抗民族压迫的传统等等，都表现得很突出。这种心理状态，在把被压迫和经济发展落后国家的人民团聚为一个民族的过程中，曾经起了重要的作用。

另一种情况是：在一个存在过民族压迫制度的多民族国家中，遭受压迫极久的民族，同大民族（通常即压迫民族）之间存在着隔阂，对大民族不信任，这是一种很自然的心理状态。列宁说，各国有共产主义觉悟的无产阶级，对被压迫民族的心理状态必须特别注意、特别慎重；为了尽快地消除历史隔阂和不信任心理，还必须作出让步①。列宁这一论述，对我们处理国内民族关系是极有教益的。

三

民族具有共同地域、共同语言、共同经济生活和共同心理素质等四个特征。这四个特征，对任何一个民族来说都是重要的，特别是在它形成的过程中更是如此。但是，在一个民族形成之后，在它生存发展的过程中，不同民族在不同的历史条件下，各个特征的重要性和所起的作用却可以呈现差别。只要我们深入观察，就不难发现，共同心理素质这个特征，不仅是区别不同民族的一个重要标志，而且是诸特征中最活跃、最有生命力的持久因素，在一个民族的生存发展与全部活动中，起着非常重要的作用。

历史事实表明，有一些民族，由于各种各样的原因，其共同地域、语言、经济生活等三个特征，或原来就不齐备、没有得到充分发展；或者已经部分地、全部地丧失；或者在本民族生活中已无足轻重，唯有在长期历史中形成的共同心理素质依然顽强地保持下来，表现得很显著、活跃，并以抗拒同化而著称。它一方面成为团结本民族成员的重要精神纽带，有力地维系着本民族的存在；另一方面使别的民族的心理、精神影响难以渗入，有效地对本民族的生存发展起着护卫作用。这种抗拒同化的特质，实际上使共同心理素质成了保持民族界限的最后一道屏障和藩篱。

例如我国的回族，在居住上非常分散，聚居地区不大，聚居的人口不占多数；在经济生活方面与所在地汉族及其他民族结成一体；并长期使用汉语汉文。在旧中国，回族又深受民族歧视与压迫；国民党大汉族主义政权甚至否认回族的存在，说回族不过是一个“宗教团体”。但是，尽管有

① 列宁：《民族和殖民地问题提纲初稿》，载《列宁全集》第31卷，人民出版社1958年版，第130页。《关于民族或“自治化”问题》，载《列宁全集》第36卷，人民出版社1959年版，第632页。

上述种种情况，回族并未因此消失，其存在的主要标志便是民族的共同心理素质表现得最为明显突出。过去，在逆境中，回族内部素以团结与和衷共济著称；我国有古籍称道回族“党护族类”，“行赉居送，千里不持粮”，即为上述性格与情操的重要表现，而其背景则是民族意识与共同心理素质的浓厚存在。回族居住虽然极为分散，但善于适应多民族杂居的环境，在乡里自成村落，在城镇自成街道，保持有不少民族特点，这也多少反映了在过去民族压迫制度下对民族关系的敏感和对压迫民族的戒备心理。此外，伊斯兰宗教信仰在回族共同心理素质的形成中有重要影响，例如某些风俗习惯便和宗教规定有关，并且反映了回族的心理素质。这种情况，对我们在民族平等原则上处理好民族关系是必须注意的一个因素。回族共同心理素质的形成、特点以及表现比较强烈，显然与回回民族的来源、形成及其在旧社会的遭遇有密切关系。回族也正因为具有上述种种性格特点，不但使自己得以生存、繁衍、发展下来，而且能把别的民族成分吸收进去，壮大自己。

满族在我国是一个具有悠久历史和较高文化的民族。在长期历史发展过程中，由于居住分散，特别是和汉族密切接触，很自然地失去了本民族的一些特征，但是在心理素质方面仍然保持了自己的特点，因而有别于其他民族。据调查，在东北辽宁满族聚居地区，满族对本民族祖先英雄人物（如努尔哈赤等）的功勋业绩是很崇拜的，这些英雄人物被视为本民族的光荣和骄傲；满族很重礼节，尊敬长辈，其居室的西炕一般不住人，因为西炕被当做祖先居住的地方。凡此都是民族心理状态的表现。在旧中国，满族同样受到大民族主义的歧视，特别是在国民党大汉族主义政权的压迫下，许多人连自己是满族都不敢承认。新中国成立后，民族平等原则实现，在普选进行人口调查时，填表自报为满族的人数将近250万。这就是民族自识性、民族自觉意识的显著表现。

一个民族和国家中的一部分人，世代居住在国外，成为别国的侨民，有的还改变了国籍，但在一定程度上也因为具有原来的共同心理素质而保持着民族性质的感情和联系，如广大华侨就有这种情况。

旅居海外的千百万中国人不易被同化，是民族心理素质在起作用的一个显著事例。海外华侨没有什么共同的地域；不少人同时使用所在国的语言和中国话；经济生活与所在国人民相同，密不可分，但是同中有异，异的主要表现是中华民族原有的心理素质还较为浓厚。不少华侨改变了国籍，但生活习俗（如饮食、礼仪、节日等）依然基本保持着中国人的传统和特点。不少华侨在与侨居国人民共同生活的同时，往往又自成一个小社会，在一个城市中有聚居的街道和区域，甚至在经济生活（如经营行业等）上也保持了某些特色。还有许多华侨总是要回祖国安度并终其晚年，"落叶归根"。在地域、语言、经济生活方面基本与侨居国民族达到共同的情况下，如果说还有什么对海外华侨在维系民族性质的联系和抗拒同化中起作用的话，那就唯有心理素质了。

特别值得一提的是海外华侨热爱祖国、眷恋乡土的民族感情和心理状态。他们自认是炎黄子孙，一向关心祖国和民族的兴衰存亡、荣辱得失，支持祖国的正义事业和斗争。不少有事业心和力量的华侨，出钱出力，热心在国内兴办教育及其他公益事业，投资于国内建设或回国参加建设工作。在祖国和民族遭受外国侵略、处于危亡关头的时刻，海外华侨的民族心理和爱国主义精神更是强烈地表现出来，达于炽热的程度。例如在20世纪30至40年代全民抗日战争时期，海外华侨空前团结，同仇敌忾，或在海外为抗日广泛进行宣传，踊跃捐输；或回国参加抗日队伍，直接以汗血保卫祖国，捍卫民族尊严，表现了中华民族不可侮的英雄气概和高尚情操。现在，还有许多外籍华裔著名学者、专家全心全意在为祖国现代化建设献策出力。所有这一切，我们都可以从民族性格、情操和心理素质方面找到深刻的根源。对所有民族来说，共同心理素质本身就是产生爱国主义的一种深厚的精神力量。

以上是从我国一些民族和海外华侨的情况来看。从世界情况来看，散居各国的犹太人、吉普赛人、美洲各国的印第安人，可以说是处于其他民族包围的汪洋大海之中。他们至今仍然在实际上作为一个民族在活动，主要也是由于明显地保持了自己的共同心理素质或民族性格。

一般说来，现在除居住在以色列国的犹太人已是一个民族共同体之外，其他散居各国的犹太人，因为没有共同的语言、地域和经济生活，不能构成为一个民族。但是，斯大林也曾说过，犹太人还保留着"宗教、共同的起源和民族性格的某些残余”①。看来不只是某些残余，而是具有比较浓厚的色彩。有的研究者认为：“以色列人和世界各地的犹太人在社会经济、宗教信仰上、文化以及民族感情上，都始终有着坚韧的纽带相联系。”② 这个说法是符合实际的。正是共同的起源和悠久的历史联系，共同的宗教信仰和文化传统（包括古希伯来语）、行为方式，使犹太人保留着明显的民族意识和心理素质，在经历两千多年的流散生活的境遇中仍得以生存下来。我国有的研究者认为，犹太人是“流而不散”。这话很有道理。

在世界各地过着流浪生活的吉普赛人，是一个粗犷豪放的民族，其共同心理素质（不论是积极方面的还是消极方面的）也表现得很明显。一个英国研究者引用一份调查材料指出：“吉普赛人用非常惊人的方法维持了他们的特殊生活方式和社会组织。构成吉普赛人行动的标准、价值和前提是与现今欧洲社会的一般文化模式截然不同的。吉普赛人维持并发展了以大家族和家族联盟为基础的社会组织的强有力的因素……他们的社团结合得很紧密——尽管在地理上是分散的。”③ 原因何在呢？我看共同心理素质、民族性格是一个主要的和重要的因素。而吉普赛人共同心理素质之所以能保持下来，表现很强烈，又是与他们普遍遭受歧视和迫害，没有家园，长期过着流浪生活分不开的。吉普赛人也和犹太人一样，在外界压力增大时，共同心理素质就越加表现得强烈有力。

此外，我们还可以指出，甚至早已融为一个美利坚民族的从欧洲迁去的各种人，也或多或少地保持了原先所属民族的心理状态、气质和性格方面的某些特点。

如上所述，在民族的诸特征中，共同心理素质是最活跃、最有生命力的因素。因此，它也将是最能持久、可能是最后消失的一个因素。马克思列宁主义指出，各民族在未来全世界共产主义社会中，最终是要走向融合的。以四个特征来说，民族融合将要经历什么样的过程？我们是否可以这样看：在一国之内和国与国之间，由于社会经济和民族交往与合作的发

① 斯大林：《马克思主义和民族问题》，载《斯大林全集》第2卷，人民出版社1953年版，第297页。

② 阿尔夏希：《阿拉伯世界的民族问题》，《世界民族研究资料》1980年第7期。

③ G. 普克松：《欧洲的吉普赛人》，《民族译丛》1980年第2期。

展、人们观念的改变，地域界限比较容易打破，经济联系将日益密切，人们的经济生活不可能局限于一个民族内部，共同地域和经济生活这两个特征将愈来愈失去其原来的意义，对一个民族的存在无关紧要。而以民族语言的融合和共同心理素质的消失来说，两者都只能是遥远将来的事，但相对而言，民族语言的融合又可能在先实现，唯有共同心理素质最不容易抹掉，存在时间最长，消失过程最慢。如果这一推断能够成立，我们就有理由这样说：各个民族的共同心理素质的主要特征消失之时，也就是民族走向融合之日；只有民族消亡了，作为民族特征的共同心理素质才会随之消失。这一点，我认为是基本符合客观事物发展规律的。

本文对民族共同心理素质的涵义、属性、具体表现及其特点与作用作了初步探讨。笔者认为，在我们这个多民族的社会主义国家，应当重视研究民族共同心理素质这个问题，以有助于更好地贯彻执行党和国家的民族政策，做好新时期的民族工作。多年从事民族工作的老同志认为，过去重视少数民族社会结构的研究，当然是正确的；但是很不重视少数民族心理状态的研究，这是不正确的。此一看法，确乎切中时弊。

研究和把握一个民族的共同心理，在实际民族工作中具有重要意义。如果我们能够了解某个民族的性格特征，熟悉其待人接物、处世任事的心理状态，行为方式上的特点，我们和这个民族的群众就容易有共同的语言和感情上的共鸣，因而有利于彻底消除历史上遗留下来的民族隔阂和不信任心理，把民族工作做好。反之，不懂得民族心理，彼此就可能格格不入，小则做不好民族工作，大则容易出差错甚至把事情弄糟，严重伤害民族感情和民族关系。少数民族的干部，正因为了解本民族的心理，做起工作来就比较得心应手，易见成效。在民族地区工作的外来干部，要想能像当地民族干部一样得心应手，除其他因素外，重要一环就是必须懂得当地民族的心理特征。为此就要努力去了解和熟悉这个民族的语言、历史、文化特点、风俗习惯以及宗教信仰等等，因为只有通过这些，才能了解和体察这个民族的人们的思想、感情等内心活动；这种思想、感情活动正是一个民族的共同心理素质的实际内容。

新中国成立以来民族工作的实践表明：正确的民族政策，来自对民族问题的正确认识和正确理论；只有按民族及民族问题存在和发展的客观规律办事，才能做好民族工作，逐步解决民族问题。而研究、了解、熟悉共同心理素质这个特征，也包括在认识和运用民族问题的客观规律之内。马克思列宁主义认为，即使在社会主义条件下，民族和民族问题还将存在一个很长时期。从一定意义上说，研究民族共同心理素质的涵义、属性、特点、作用及其存在的长期性，也就能认识民族问题存在以及彻底解决民族问题的长期性。这一点，现阶段在我国尤其重要。

（1980 年初稿，1981—1982 年修改定稿）

试论汉民族共同心理素质

每一个民族，都有表现于文化特点上的共同心理素质。笔者曾在《论民族共同心理素质》一文中，谈到对这一民族基本特征的理解，认为共同心理素质是一个民族的社会经济、历史传统、生活方式以及地理环境的特点在该民族的精神面貌上的反映。它通过本民族的语言、文学艺术、社会风尚、生活习俗、宗教信仰以及对祖国和人民的热爱、对乡土的眷恋，表现出自己的爱好、兴趣、能力、气质、性格、情操、审美观和民族意识与自豪感。这些就构成了该民族在共同心理素质上的特征。在共同心理素质中，还包括一个民族待人接物、处世任事、行为方式和劳动习惯方面的特点。本文即以这些观点为基础，对汉民族共同心理素质形成的条件及主要特征试作初步论述。

一

民族的共同心理素质，是社会物质生活和文化生活条件综合作用于民族精神面貌的表现与结果。这里所说的物质和文化生活条件，基本上可以概括为如上所说的社会经济、历史传统、生活方式、地理环境等四个方面。因此，只有把汉民族的社会经济、历史传统、生活方式和地理环境等特点弄清楚了，才能进一步对它的共同心理素质加以探讨。

所谓社会经济，是指经济形态或结构、社会制度以及经济发展水平。汉民族经历了漫长的奴隶社会和封建社会，没有经过独立的资本主义社会，而是在沦为半殖民地半封建社会一个世纪之后，通过民主革命的胜利，进入社会主义社会。两三千年来，汉民族的经济特点是：广大农村，自给自足的自然经济占主要地位；在各个城市，尽管封建政府重农抑商，但商品货币关系仍有一定发展。近百年来，由于外国资本的影响，半殖民地畸形商品经济较为兴盛，资本主义因素也由封建社会晚期的萌芽状态获得进一步发展；内地特别是沿海农村，通过中间商人，已有小部分农产品卷入商品货币关系。这里应当指出，汉民族封建社会长期延续，虽然经济结构落后，但就封建社会生产力所能达到的程度看，经济、文化素称繁荣发达（这也正是中国封建社会能长期存在的一个原因），商品经济甚至还盛于封建时期的西欧。在政治上，中央集权制、大一统局面时间较长，分裂局面相对来说较短，可以说是在统一中的局部分散和割据。凡此种种，都为汉民族共同心理素质的形成和定型化准备了条件。

所谓历史传统，是指由社会经济特点所决定并与社会经济相适应的民族文化体系、文化传统，或如梁启超在论及民族意识时所说的“文化枢系”①。历史传统包括传统文化和习惯势力、方面很广的具有民族特点的社会因素，诸如风俗习惯、艺术格调、伦理原则与道德观念，以及占主导地位的社会政治思想和制度。

汉民族具有很高的封建文化，或叫中世纪文明。它是一种典型的东方农业文明。在汉民族封建社会里，支配一切领域的是宗法、封建意识形态，举凡政治和经济、城乡社会组织和人与人之间的关系，都莫不受其制约。儒学与儒教是汉民族封建社会的思想、伦理支柱；“礼治”、“仁义”、“三纲五常”，经过两千多年的潜移默化，不同程度地渗透到各个阶级和阶层当中，由地主、官吏、士大夫、商人直到广大“庶民”。可以说，宗法封建思想，儒学与儒教，是历史传统中对汉民族心理素质最有影响的两个因素。

所谓生活方式，也可说是生活样式或模式。它与历史传统有密切联系，并有部分内容与历史传统相同，但是更多的偏重于风俗习惯，风俗习惯从一定意义上说就可称之为生活方式；历史传统内容较为抽象，生活方

① 梁启超：《中国历史上民族之研究》，载《梁任公近著第一辑》下卷，民国十三年（1924年）商务印书馆版，第45、55页。

式则比较具体，特指一个民族的衣食住行（包括民族特点及物质水平），家庭结构和家庭观念，婚丧礼俗，社交娱乐，生活情趣，以及日常待人接物、处世任事等方式，凡此都是形成民族共同心理素质的重要条件，反过来说也是一样，即民族共同心理素质大量通过生活方式表现出来。

汉民族的生活方式和别的民族一样，方面与内容非常广泛，不可能用几个字、几句话概括恰当。总的说来，是丰富多彩，民族特色显著鲜明，同时又有一些带有浓厚封建色彩，打了上封建烙印，同现代生活不相适应的因素。汉民族生活方式受共同心理素质的制约，又是共同心理素质的表现和反映。

所谓地理环境，在一定意义上就是指共同生活的共同地域。民族共同体赖以生存的各种自然条件，如土地、动植物、山川、河流、湖泊、海洋、资源、地形和气候，以及国境、国界等因素，都包括在地理环境这个范围之内。地理环境对社会制度、社会发展和民族性格与心理素质不是决定的因素。法国18世纪启蒙思想家孟德斯鸠认为，在炎热气候环境中的民族必定怯懦，难以避免奴隶地位；在寒冷气候环境中的民族必定刚强，能够保持自由状态①。这种地理环境决定论当然是错误的，它对民族性格的形成只能得出荒诞不经的结论。但是，地理环境对于一个民族共同心理素质与性格的形成，又确有重要影响；不同民族因为生存条件（或空间）不同，民族性格就会有很大差异。因此，不重视地理环境作用也是错误的，也不是唯物论观点。

汉民族生活的共同地域，广袤千里，幅员辽阔，资源丰富；地形是多层次；气候多种多样；黄河、长江两大河流流经富庶地带，横贯东西，又有广阔平原和海域，海岸线很长；“中土”、“中原”、“中国”的空间概念一向根深蒂固。中国和印度、尼泊尔、缅甸、老挝、越南、朝鲜、苏联、蒙古等国接壤，和泰国、日本是近邻，这些国家除苏联外，传统文化有不少和中国酷似之处，历史上曾经互相影响，有的国家又是佛教发源地或以佛教为国教的国家。这就是汉民族所处的地理环境，有的研究者称之为

① ［法］孟德斯鸠：《论法的精神》（即《法意》）。此处根据有关著作及辞典综述大意。

"半封闭大陆环境"。它不能不在民族共同心理素质的形成上打下印记。

以上所说，就是综合作用于汉民族精神面貌，形成共同心理素质的物质生活与文化生活条件。

二

在封建社会长期发展的过程中，汉民族形成了自己的共同心理素质和性格，其表现是多方面的，这里举出旧时汉民族共同心理素质的六个特征：坚韧不拔、兼收并蓄、中庸之道、小康思想、内向含蓄、封闭自守，分别略作论述。这六个特征，都与上述社会经济、历史传统、生活方式、地理环境等四个因素或多或少有关，都是汉民族思想、感情、倾向等内心活动的外在表现，或称之为心理特征、心理活动的外在表现。

坚韧不拔。这里着重指的是汉民族的能力、性格、行为方式与劳动习惯的特点。概括起来，也可以说就是民族的创造力。

汉民族人口众多，它和各兄弟民族共同缔造的中国，是素称农业文明发达的最早古国之一。在古代奴隶社会和封建社会，汉民族就在经济、文化方面有杰出发明和创造，指南针、造纸术、印刷术和火药四大发明及其应用，都具有推动世界文明发展进程的影响。中国建筑艺术和手工艺制品，其民族风格独树一帜，标志着汉族封建社会生产力的发达，能工巧匠的聪明才智。汉民族和各兄弟民族一道，在反对封建压迫，反对西方殖民主义和帝国主义侵略的斗争中，具有前仆后继、百折不挠的精神；特别是在现代民族解放和民主革命中，创造了伟大的业绩。新中国建立后，不计"十年浩劫"期间的损失，在很短的时间内，也在不少领域创造了过去两千年所未曾有的生产力，现在又正在开创有中国特色的社会主义新局面。具有坚韧不拔性格的汉民族，是有志气、有作为、对人类文明做出了重要贡献的一个民族。

兼收并蓄（或曰兼容并包）。这里偏重于气质、性格、能力，主要表现于对人对事的态度。

兼收并蓄实际是一种对待不同文化的积极的、有生气的心理状态。它不是消极、被动的，更不是良莠并存、囫囵吞枣，而是经过自然筛选，取其精华，去其糟粕，加以改造、发展，博采众长，为己所用，有如古人所说“俱收并蓄，待用无遗”。我们未始不可把这个过程看成一种文化“反刍”。这里举几个方面的事例。

一是在思想、伦理、哲学、宗教、人生价值观念（人生的意义）等方面。汉民族固以崇奉儒学与儒教为主，但儒学与儒教也并非绝对纯粹单一。儒教、道教、佛教本来是相互对立或排斥的文化思想与宗教，但在长期的历史发展过程中，三者又曾互为影响，相互吸收，在各自保持其特征与区别的同时，“你中有我，我中有你”。如佛教自公元初传入我国后，就逐渐形成了具有中国特色的教派；佛教的某些基本教义后来曾为儒教所吸收，而儒、道与佛、道之间也各有沟通的地方。儒、道、佛在一定程度上的渗透、糅合和互为补充，使得汉民族社会的伦理、哲学、宗教思想未趋向一个极端，也没有宗教冲突，而有利于各取所长，形成一个多因素或多层次的古代文化体系。

一是在封建社会兴盛发展时期，汉唐至元、明特别是汉、唐盛世，对外国文化（包括物质文明与精神文明）的兼容并蓄，吸收、消化、融会，又注入中国特色，为己所用。事例也是很多的。诸如印度佛教艺术；西域经济作物及乐器、舞蹈；伊斯兰文化的传入与溶化，等等。

另一是在国内民族关系方面，也有兼收并蓄。汉民族和众多少数民族长期共处于一个统一大国中，“汉族同化别的民族，别的民族也同化汉族”[①]。主要是汉族同化别的民族。汉民族经济文化水平高，自身根底厚，凝聚力又强，同化异族也多；在吸收兄弟民族优秀文化、取长补短的过程中，发展壮大，有如今天，这也绝非偶然，而是兼收并蓄和升华的结果。近代启蒙思想家梁启超对汉民族发展有过这样一段精辟的论述：“凡一民族之组成分子愈复杂者，则其民族发展之可能性愈大……现代欧洲诸名国之民族，殆无不经若干分子之结合醇化，大抵每经一度之化合，则文化内容，必增丰一度，我族（指汉民族——笔者注）亦循此公例，四五千年，

① 周恩来：《关于我国民族政策的几个问题》，《民族研究》1980 年第 1 期。

日日在化合扩大之途中；故精力所耗虽甚多，然根底亦因之加厚。”① 这一论述是符合实际的，很有启迪意义的。

中庸之道。这一点较多表现于心理状态、行为特点，特别是待人接物、处世任事的态度之上。

儒家与儒教崇尚“礼治”与中庸之道，长期形成一种不偏不倚、取法乎中的人生处世哲学；它提出“过犹不及”，认为“过”与“不及”都不好，把这四个字当做行为准则，主张遇事应当讲究“度”即适度，要求行不逾矩，自我克制。不偏不倚，取法乎中，自我克制而不逾矩，有公正和积极的一面，但也不免有调和、折中、妥协的倾向；在政治上则表现为避免过激与变革，力求温和与稳妥。以今人眼光看，中庸之道多属贬义，或被完全视为糟粕。其实并不尽然。例如“过犹不及”这句话，就包含了一些辩证道理。本文因限于篇幅，暂不置论。这里应当指出的是，中庸之道并非意味着胆怯、怕事、自私。汉民族素来急公好义，这是一种传统美德、性格和情操。《三国演义》、《水浒传》、《西游记》等文学巨著所赞誉褒扬的人物、事件，从作者构思、世界观，到民族成员不分男女老少，家喻户晓，有口皆碑，就体现了急公好义的民族性格与情操。今天我们应当把这种性格与情操加以发展、提高，使之成为社会主义的道德风尚。

小康思想。这主要是由封建社会自然经济、宗法关系决定的心理状态，也是一种有关人生意义的价值观念。

新中国建立以前，汉民族社会是一个以小农经济为主的封建宗法社会；或如列宁所说，是“封建关系或宗法关系和宗法农民关系占优势的”② 社会。宗法封建关系，这对汉民族传统意识形态、心理素质的形成，是一个具有决定意义的因素。从家庭观念和家庭结构来看，由于小农经济的影响，两千多年来都是大家庭结构，男权中心，家长制，崇尚几世同堂，多子多孙、多福多寿，安土重迁。这和西方资本主义社会是完全不同的。但从民族经济生活来看，由于封建社会生产力的局限，却不能产生与

① 梁启超：《中国历史上民族之研究》，载《梁任公近著第一辑》下卷，民国十三年（1924 年）商务印书馆版，第 45、55 页。

② 列宁：《民族和殖民地问题提纲初稿》，载《列宁选集》第 4 卷，人民出版社 1972 年版，第 274 页。

大家庭相适应的大经济，因而小康思想与平均主义占了主导地位，这都是小农经济、个体手工业及其生产方式和宗法封建制的产物。小农业生产者缺乏商品经济头脑；小农思想与平均主义，不注重效率、积累和扩大再生产，自然倾向于提倡“知足”、“寡欲”，并认为中国社会“不患寡而患不均”，在政治上则表现为“小国寡民”的观念。这种小康思想与平均主义，在近代时期太平天国革命“天朝田亩制度”中也有所反映，表现为绝对平均与农业社会主义，其历史根源清楚可寻。在孙中山的建国思想中，平均地权、节制资本的主张，也或多或少带有小康思想与平均主义色彩。甚至在新中国建立后的“三面红旗”、“十年浩劫”期间，在一定程度上也受到小康思想与平均主义历史传统的影响，这一点在后文中还要谈到。此外，汉民族社会虽以小康思想与平均主义占主导地位，但同时也有原始朴素的、建立在小农和小康基础上的大同世界的思想，如“天下为公”即是一例。

内向含蓄。这一点，最能从一个侧面表现汉民族的心理状态、气质、性格以及审美观，或者称之为抒发感情的特定方式。

笔者在《论民族共同心理素质》一文中曾经谈到：“汉民族的共同心理素质是在长期封建社会中形成的，就基本方面来看，它是内向性较为明显的一个民族；它浑厚、质朴而又纤细；重感情，但不是那么奔放，而是比较含蓄，藏于内而少形于外。”西方研究者有的就把内向、含蓄归结为“东方人性格”，并且认为汉人是一个“重实际”的民族。

内向含蓄的性格与心理状态，使汉民族在抒发感情上具有自己特定的方式。名山大川、楼台亭榭、松鹤竹梅、琴棋书画、田园风情……都表现出汉民族淡泊明志、崇尚高风亮节的情操；或者说，人生的意义（人的价值观念）也就寄寓于此。内向、含蓄，又较多地反映在审美观和文学艺术方面，具体说来就是以含蓄为美。这一特点，决定或影响着文学、艺术的表现手法。如国画中的云天、山水、房舍、人物，层次重叠，似隐似现，若明若暗，重景而不重人；京剧所用道具及舞台动作的虚虚实实，虚实结合，都是实例①。《红楼梦》写郎才女貌，宝黛爱情，缠绵悱恻，也是以含蓄为美。在汉民族社会中，女子应当是貌美、文静、贤淑、聪敏集于一身，这几乎成为共同的标准。同一个“梁山伯与祝英台”故事，在汉民族文学、艺术中表现为以含蓄为美；在几个少数民族采用的同一故事情节中，表现手法却与汉民族迥然不同。有的美学研究者指出，梁祝故事在彝族中成了一对男女青年在劳动情趣中相恋；在傣族戏剧中，表现为青年男女在芭蕉树下无拘无束地谈情说爱；在壮族传说中，则是祝英台直爽地请梁山伯吃槟榔，一来就吐露爱的真情。总之都是没有遮遮掩掩②。确实，这种表现手法的不同，充分说明了不同民族在共同心理素质上的差异。

总的说来，与欧美许多近代民族不同，汉民族由于封建社会的长期约束，习惯于对个性和情感的自我抑制，不重视自我价值的实现，因而性格偏于内向含蓄，不免欠缺狂热、幻想和进取精神。这一点，直到 20 世纪 80 年代才开始发生变化。

封闭自守。这里是指由社会经济、历史传统、生活方式、地理环境特点所决定的民族心理素质，也会从该民族社会（国家）同外界主要是外国的关系上反映出来。

历史事实表明，与长期封建社会和民族的内向性相联系，汉民族是处于一个封闭自守类型的社会之中。表现于国内各个省、区之间，内地与边疆之间，就存在一定程度的封闭性，或叫地方闭塞性；表现于与外国的关系上，则是闭关锁国。当然，这并不是说，在长达两三千年的封建社会，一百年的半殖民地半封建社会中，在任何时候、任何事情上，都是闭关自守，与世（外界和外国）隔绝。不是这样。在汉民族历史上，某些朝代、帝王和杰出人物也有开放和开拓精神，在一定时间内、一定程度上打破了封闭局面，使中国文化传播于邻国以至远洋。例如延续千余年的“丝绸之

① 在京剧舞台上，一个将帅在极其简单、仅具象征性的布景中，凭他挥舞马鞭的姿势和巧妙的台步、洪亮的唱腔，就能令观众感受到一个千军万马、浩浩荡荡、威武雄壮、气氛逼真的场面。又如《秋江》一剧，在一无所有的平面舞台上，两个船工模样的演员，仅凭其惟妙惟肖的划桨动作，就能显示出一派碧波荡漾、泛舟行进的湖光景色，连西洋人也可看个明白，称绝不已。

② 参阅丁枫编著《美学浅谈》，辽宁人民出版社 1983 年版，第 64－65 页。

路”的开辟；张骞通西域；盛唐时期与邻国交往的频繁；以及史无前例的郑和七次下西洋；还有我国广大海外侨民与华裔勇敢、坚毅的开拓创业精神，等等。但是，几千年来，就基本情况而言，汉民族社会还是封闭性的。

以汉民族和近代日本民族的情况相比较，后者打破封闭，开放与开拓较早。二次大战后，日本首相吉田茂在论及明治时期对外开放、吸取西方文明的指导思想与事实之后，曾经这样写道：“明治时期的日本，就是这样想把所有的东西都一下子加以改变。这里不可避免地要附带产生一些弊病，但毫无疑问，它会使日本更容易引进西方文明。这种情况似乎和德川末期的攘夷运动大不相同，但是唯有这种主动汲取外国文明的精神才是日本人的传统性格。”① 明治维新和对外开放、学习西方科学技术的结果，使日本不但得免于沦为西方殖民地，并且在不太长的时间内，进入了资本主义工业大国之林。由此可见，民族性格和心理素质对于一个民族及其国家的文明发展程度是有很大关系的。中国近代时期，一些官吏、革新派人物和有识之士，也曾放眼看世界，主张师西方之“长技”，倡导洋务运动、变法维新，试图打破闭关锁国，达到富国强兵，但可惜由于种种限制和障碍，都只是昙花一现，未能从典型的封建文明走上工业文明独立发展的道路。

三

我国汉民族有着广大的共同地域，和几十个兄弟民族共居于辽阔的祖国疆土之内；汉语词汇丰富，是世界上优秀的民族语言之一；在封建时期，经济、文化素称发达，经济生活联系比较紧密；在心理素质方面，又具有自己的特征，坚韧不拔，并富有创造力。汉民族是世界上一个历史悠久的伟大的民族。

① ［日］吉田茂：《激荡的百年史》，孔凡、张文译，世界知识出版社 1980 年版，第 13、22 页。

共同心理素质是维系一个民族的精神纽带，是促进民族发展的一种重要精神力量，是民族诸特征中最活跃、最有生命力的持久因素，具有很大的稳定性和连续性。但这里必须指出两点：一是它有可变性，会随着社会物质生活条件的变化发展而或快或慢、或多或少地发生变化；二是它和许多精神现象、意识形态一样，除积极作用外也有消极因素的一面。

关于可变性。例如，我国近代时期，西方洋枪洋炮惊醒了东方“睡狮”和巨人，因而汉民族封闭自守、闭关锁国的心理状态多少起了变化。又如，由于辛亥革命、五四运动，新文化和马克思主义传播到中国，以及新中国建立后实行社会主义制度，中庸之道、内向含蓄等心理状态，也或多或少地有了改变。随着社会主义生产关系的建立，大家庭结构、男权中心等历史传统心理都正在消失之中。

关于汉民族心理素质中的消极因素或短处，笔者在《论民族共同心理素质》一文中提到因循、保守、矜持、自大、忠君、愚孝等等。除此之外，还有等级观念、宗法封建思想束缚、缺乏近代民主观念，以及传统文化中的局限性。有的研究者认为：“中国农业文化既十分发达和精致，又显出巨大的‘沉淀性’和‘凝固性’。”① “沉淀性”和“凝固性”指的可能就是传统文化中的消极面，即对社会和民族发展构成阻碍的东西。汉民族传统文化和心理素质中的消极因素，在我国各个不同历史时期都曾有所表现。

例如，我国封建社会长期延续，原因很多，从精神因素与汉民族心理素质影响来看，因循、保守、自大、忠君、愚孝，宗法封建意识形态，封闭性等等，无疑起了很大作用。

又如，近代历史时期，盲目自大，封闭自守和闭关锁国，导致了对西方资本主义国家情况、对殖民主义与帝国主义侵华野心的茫然无知，不能知己知彼，造成被动挨打局面；也导致了在封建主义基础上的哪怕是枝枝节节的变法维新与有限改良，都被窒息、扼杀于襁褓之中。

至于在新中国建立后社会主义时期的动乱年代，民族心理中消极因素和传统文化的影响，主要表现于以下三个方面。

---

① 盛邦和：《关于中国文化的类型、特质问题》，《文汇报》1985 年 7 月 2 日。

第一，从20世纪50年代末到60年代直至70年代初，“共产风”、“大锅饭”、“穷过渡”，绝对平均主义，否定与歪曲社会主义按劳分配原则（亦即不承认在生产力不发达情况下的多劳多得，少劳少得，不劳不得）等等现象，其根源之一，就可以追溯到小康思想与平均主义的历史传统。这种历史传统，不利于今天的现代化建设，是显而易见的。

第二，汉民族社会典型的农业文明及其狭隘性，封闭自守观念，是造成新中国建立后政治动乱年代对知识分子和国民教育极端不重视以至加以摧残的一个心理因素。这在实质上就是对现代文明的不重视、误解和无知！

第三，自大、忠君、宗法家长制等心理状态和传统意识之影响于政治，就表现为把领袖神化，搞造神运动，在一段时间内形成个人迷信与崇拜；在一定时间、在不少部门内，任人唯贤的干部路线，为任人唯亲即新的宗法脐带关系所取代。

当前，我国正处于一个空前规模的大变革时期。由于全面改革城乡经济体制，人际关系和人们的观念形态都在急剧变动之中。从民族精神状态和心理素质角度看，改革向我们提出了如下两个问题。

第一，如何发扬优良历史传统，利用汉民族以及各少数民族心理素质与性格中的积极因素为现代化服务，同时消除那些消极的东西，使之不成为改革的障碍和阻力。

全面改革城乡经济体制，总的趋势是走向开放，锐意开拓；现代工农业文明，必须也必然要代替农业文明。开放与开拓，都要发扬汉民族坚韧不拔的传统性格，这是新时期振兴中华、崛起腾飞、强国富民不可缺少的精神支柱。在这个过程中，封建时代民族心理中一切旧的东西都将受到冲击，理应弃之如敝屣，毫不足惜；新的封建遗老遗少所谓“世风不古”的慨叹，以及各种阻碍改革的奇谈怪论，都应该一扫而光；现在对“文革”的彻底否定，也包括对民族心理中那些造成精神浩劫与经济破坏的消极因素的否定。这样，在建设具有中国特色的社会主义过程中，我们就可以期望汉民族心理素质能够得到一个与之相适应的发扬与提高。可以说，醇化一下民族心理素质，改造一下国民性的消极方面是非常必要的，它应当成为社会主义精神文明建设的一个有机组成部分。

第二，在引进西方科学技术、资金和管理知识的同时，如何抵制西方资本主义意识形态中那些消极、有害的东西，也是事关民族心理素质健康发展的一个重大问题。

事实说明，引进西方科学技术、资金和管理知识，除“物”的一方面外，也必然会或多或少带进西方工业社会的生活方式、资本主义意识形态，它不仅会冲击我国传统文化，也会影响社会主义精神文明与民族心理。对此既不必大惊小怪，惊慌失措，又不能听之任之，掉以轻心，而要因势利导，一方面区别积极、进步、文明的因素与消极有害的东西，使西方一切先进、有益的文明为我国所用；另一方面，通过长期细致的工作，采取有效措施，坚持不懈地建设社会主义精神文明，借以抵制西方那些对我们民族心理有害的东西。前面引证过的吉田茂，在论述日本明治维新时期社会意识急剧变化时，也曾谈到：“输入外国文明常常孕育着一种破坏本国社会上、文化上和精神上统一的危险”，例如，外国文明就“同以追求利润为不道德的儒教伦理发生了矛盾”；吉田茂认为：“明治政府所推行的迅速近代化，使人们在醉心于文明开化等方面出现了道德上的混乱。这是在想要输入外国文明时必须付出的代价。”① 就我国现状和各民族情况来看，也可以说，要建设一个具有中国特色的社会主义社会，实现现代化，必然会是一个既有耕耘收获，又将经历种种“阵痛”的过程，这是毫不足怪的、正常的现象，是事物发展的规律，对此我们必须有一个正确的认识。

（写于1985年）

① ［日］吉田茂：《激荡的百年史》，孔凡、张文译，世界知识出版社1980年版，第13、22页。

试论回回民族共同心理素质

回回：在特殊条件下形成的一个民族

回回民族，是中国各民族大家庭的一个成员。回族先民来自中亚、西亚、阿拉伯和波斯。早在唐代，就有一些西亚和阿拉伯地区的人，经我国东南及南方沿海，以及西北陆路来中国经商。这是后来回回民族最早的先民，但只是一小部分。构成回族先民的主体部分，是在元朝建立前随同蒙古军大量进入中国的中亚人、西亚人、阿拉伯人、波斯人。1219 年，成吉思汗西征；1258 年，旭烈兀攻占巴格达，于是葱岭以西、黑海以东各地信仰伊斯兰教的民族相继被蒙古征服。被征服各族，或者由于军事、政治、经济的原因，或出于被迫征调和自愿，纷纷随同蒙古军来到中国，一说有二三百万人，一说为数十万人，总之数量很大。其中包括军士、工匠、商人、学者、上层贵族和妇孺百姓，历史上统称为“西域亲军”或“回回军”。这是后来构成回回民族的主要来源。

蒙古军把这些回族先民带进中国，帮助蒙古人征服了长城以南广大地带，直至控制了全中国。在这个过程中，回回军被蒙古人编入由蒙古诸部落组成的“探马赤军”，分驻全国各地镇守、屯田，从事农业，即所谓“上马则备战斗，下马则屯聚牧养”。与此同时，回族先民中的商人，足迹也逐渐遍及全国。元代官书把回族这些先民统称为“回回”，确指在中国境内存在的、不同于其他民族的一个实体。可以说，回回人实际上已于元、明之际，在上述特殊条件下形成为一个民族，至今已有六七百年的历史①。

在居住地域方面，回回民族具有非常显著的特点。回族先民随同蒙古军来到中国，首先是分布于西北，依次进入华北、中原诸省，东北、西南（特别是云南）和东南各地。这一情况，也就决定了回回民族在居住地域上的小部分集中、聚居和特大分散。1982 年全国第三次人口普查，回族人口为 721 万余。而据估计，新中国成立前约为 370 万，其中相当一部分分布于甘肃、宁夏、青海和陕西，约 140 万人；云南省有四五十万人；河南省约有 20 万人②。在这些省区，也并非聚居于一地，仍然是相对集中和较大的分散。除上述省份外，其他各省区也几乎是县、市、区、乡都有。总之是有如星罗棋布，遍及全国。

回族先民操阿拉伯、波斯语。但在进入中国后，与众多汉族交往相处，逐渐接受了汉民族的经济模式、语言文字和文化，最终把汉语作为自己的共同语言。不同民族操同一种语言是正常的现象，在世界上并不鲜见。

回族先民在祖居的西域地区，多半已进入封建社会。来到中国后，社会经济自然与汉族同步发展封建地主经济；加上在居住地域上的特大分散，因而共同经济生活也和汉民族及所在地其他民族密切联系，不可能形成自己的经济中心和民族市场。对于回回民族的共同经济生活，除重视其经营特点外，毫无疑问应当和汉族一起来加以考察。

从回回民族的共同地域、共同语言和共同经济生活三个基本特征来看，除居住地域非常分散外，并无多少特异之处，甚至可以说，它们在回族面貌上只打下了淡淡的印记。但是，讲到回族的第四个基本特征——共同心理素质，却表现得最为明白而显著，它是回回民族形成、生存、繁衍、发展的精神纽带，是回族诸特征中最活跃、最有生命力的持久因素。研究回回民族，如不着重探求其共同心理素质与性格特征，就不可能由此

① 关于回族的来源，曾参考：民族问题研究会编：《回回民族问题》第一章第一节，民族出版社 1980 年版；中国回民文化协进会编：《回回民族的历史和现状》第一章第一节，1957 年编印。

② 据民族问题研究会编《回回民族问题》，民族出版社 1980 年版，第 16－17 页。

及彼、由表及里，真正了解这个民族的全貌。

回回民族共同心理素质的形成，也不外要从社会经济、历史传统、生活方式和地理环境等四个方面与因素去考察。本文对旧时回回民族共同心理素质，试举四个主要特征，分别略作论述。这四个特征是：强烈的民族意识；开拓与进取精神；心理状态和宗教信仰与风俗习惯的交织；保族与卫国——在逆境中求生存。所谓旧时，就是指旧中国时期。新中国诞生后，回回民族获得了新生，社会、政治地位与过去截然不同，其共同心理素质多少有了变化，这不在本文论述之列。

强烈的民族意识

民族意识是民族共同心理素质的重要表现，可以称之为民族自识性，同属一个民族共同体的意识，或叫民族自觉意识、民族属性觉悟。梁启超曾说，一个民族的人们在与他族接触时，产生“对他而自觉为我”的感觉，这种感觉就是民族意识①。

回回人的民族意识，主要表现于以下几个方面。

民族自识性和认同感。旧时有一句俗话：“回回见面三分亲。”这就是说，一见面就“认同”，亲切感油然而生。据说，过去两个不相识的回民，只要说上一两句简单的阿拉伯语，就能起到“通报”是同族人的作用。旧时还有一个说法，叫做“天下回回是一家”。这里说的“天下”，自然是指中国，并不涉及什么“大伊斯兰主义”一类内容，因此也没有什么不妥当；它无非是强调，中国各个地方的回回同属一个民族。在历史上，回回又一般限于在本民族内部通婚，因此还有“回回亲，转不清”的说法。这种族内通婚，无疑也会加强民族意识。

善于适应环境，在民族杂居条件下自成格局。由于聚居区小，大部分散；又由于存在民族歧视与压迫，回民对大民族和统治民族是心存戒备

① 梁启超：《中国历史上民族之研究》，载《梁任公近著第一辑》下卷，民国十三年（1924年）商务印书馆版，第44－45页。

的，对不同民族间的关系是很敏感的。因此，回族在分散居住于全国各地的情况下，一般是在城镇自成街道或区域，在乡里自成村寨；清真寺（只要有条件）、回族饮食点等也随之出现，在民族杂居环境中俨然自成格局，和汉族居住的街道、区域及村寨既有密切交往，又有一定特点。早在唐代，阿拉伯人大食帝国遣使与唐修好后，“阿拉伯人、波斯人来我国沿海城市经商者数以万计，他们集中居住于一地，谓之‘番坊’，‘番坊’内俨然一个小阿拉伯世界，人同此俗，相安无事”①。元、明之际形成的回回民族，在自己分散居住的城乡，大致也是这样布下众多的小聚集点，自成一个格局。这种自成格局的聚集，相对弥补了居住特大分散的不利。形成这种格局的推动力是民族意识，反过来它又加强了民族意识。

回回民族素以内部团结与和衷共济著称。我国史籍记载回民“党护族类”。又据说，回民外出远行，可以“千里不持粮”。这都是民族意识和感情在起作用。有研究回回民族历史和伊斯兰教的人认为，回族内部团结，和衷共济，也同宗教教义有关，如《古兰经》上说：“你们当全体坚持真主的绳索，不要自己分裂”；“自己分裂常常争论，将受重大的刑罚”②。此外，穆罕默德在《圣训》中也说：要“使全体穆斯林如一人”③。因此，在旧中国，一处回民为反抗民族压迫和封建压迫起事，远近回族都会千里赴义，群往支援。这也表现了回回人的强烈的民族意识。

为什么在地域、语言、经济生活三个特征都不显著，同汉民族语言、文化和经济又有密切联系的情况下，回回人会有如此强烈的民族意识，它是怎样形成的？笔者认为，这主要有如下三个因素。

第一，由于回族先民是外来人，在颇长一段时间内又是深受压迫的民族；同时还出于居住大分散的需要。回族先民，在中国这块土地上，天长日久在特殊条件下形成为一个民族。汉族和其他少数民族视回民为异族；反之，回民对汉族及其他民族也是一样，由此必然产生民族意识，并且与日俱增。又因为居住大分散，在存在民族压迫制度的情况下，回民不免处

① 郑勉之、梁全智：《回回风俗与民族关系》，载江苏省民俗学会编《民俗学论文选》，1984 年 10 月编印，第 52 页。

② 《古兰经》，马坚译，中国社会科学出版社 1981 年版，第 46 页。

③ 转引自民族问题研究会编《回回民族问题》，民族出版社 1980 年版，第 51 页。

处感到势孤力单，也必然会唤起强烈的民族意识。这些现象都是完全可以理解的。

第二，由于宗教感情。始创与发源于西亚、阿拉伯地区的伊斯兰教，和进入中国的回族先民一起来到中国。尽管民族与宗教是两码事，但对回回民族来说，宗教感情与民族感情却难解难分，不少回民还习惯地把伊斯兰教称为“回教”，从而围绕宗教信仰产生了强烈的民族意识。

第三，由于风俗习惯的作用。我们知道，某些重要的风俗习惯，常常成为代表一个民族的标志。回回人的强烈的民族意识，一方面是由其特殊风俗习惯所促成，另一方面又是出于维护其特殊风俗习惯的需要；促成与维护，二者可谓互为因果。例如，回民在饮食习惯上的爱好和禁忌，就跟民族意识十分接近，成为民族意识表现强烈的一个重要因素。这一点，和我国许多民族是有所不同的。

开拓与进取精神

民族共同心理素质，包括一个民族在劳动习惯、行为方式上的特点，它们是心理特征、心理活动的外在表现。这里讲回族的开拓与进取精神，就是指表现于能力、劳动习惯、行为方式上的心理状态和性格。

世界上的民族，不一定每一个都有轰轰烈烈、惊天动地的业绩，但都通过平凡、不息的劳动，在创造着历史，建设着现在和未来，不断繁荣发展。回回也是如此众多民族中的一个。

回族先民随同蒙古军东来，在异国土地上，他们长时期地进行平凡的劳动，几乎可以说是披荆斩棘，从无到有，艰苦创业，建设家园；他们凭借开拓与进取精神，和汉族与其他民族一道在创造着历史。回族先民来自西域，“人生地不熟”，最初且多半分布于自然条件较差的西北；元代以后，又在较长一段时间内历经民族压迫，因此，开拓与进取精神也可以说是“逼”出来的。不如此，便不足以言立脚生根、生存和发展。这个开拓与进取的过程，也就是回回民族形成并得以发展壮大的过程，表现了一种可贵的性格。

在经济生活方面，回族长期务农、经商、从事手工业。回族先民来中国前，多已进入封建社会。来中国后，在汉民族较为发达的经济、文化影响下，回回民族农业经济也逐渐达到或接近于汉族封建农业经济的水平，但有一个特点，即回族中有不少人是披荆斩棘，在处女地上辛勤垦殖，把荒漠变成了良田。要做到这一点，没有开拓与进取精神是不行的，这在实际上也是对民族性格和能力的一种铸造。

回回民族“善贾”，这是有长期历史，并为世人所称道的。在元代，回商地位举足轻重，当时就有“富贵回回”之说。明代政府明令保护回回经商，明宣宗还称誉“回人善营利”。20 世纪 30 年代中期，《大公报》记者长江在《中国的西北角》一书中写道：宁夏金积西北的“吴忠堡虽属一小小集镇，但其商业之盛，甲于全省。回人刻苦经营，故此间经济大权，仍操在回人手中”①。在云南，旧时滇南沙甸镇回民经营商业也很有名，超出了省、州界限，远至香港地区及缅、泰、越等国。

回族虽善经商，但在旧中国封建社会里，回回人以一个受歧视、被压迫的民族，谋生门路又毕竟很窄；经商营利，绝非一蹴而就，举手可得。这当中同样需要开拓与进取精神，在“夹缝”中打开出路。回族经商，一个特点是和本民族生活习惯联系，适应本民族爱好与需要，例如，经营牛羊屠宰业、清真饮食业、鲜货业。在一些畜牧业地区，回族从事制革业，经营皮货者较多。此外，回族还以经营香料业、膏药业、珠宝玉器业著称，同时也兼及手工艺、运输业及一般商业活动。近代时期，少数回族上层也已拥有一定的商业资本。

在我国，回回人是在封建社会中后期形成的一个民族，是一个“迟到”的民族。在存在着剥削制度和民族压迫的条件下，回族为谋求生计，闯出门路，并独具一定特色，这不能不归功于开拓与进取的精神。

在我国历史上，很多少数民族和汉族一样，都拥有自己的政治家、农民起义领袖人物和农学家、建筑学家、航海家、天文学家、数学家、文学家、思想家与学者。回回民族也是这样。在回族历史上，人才辈出，曾经有过许多出类拔萃的人物。其中如元代北京最早的建筑规划设计者亦黑迭

① 长江：《中国的西北角》，1936 年天津《大公报》出版，第 315 页。

尔丁；天文学家扎马鲁丁；政治家、在治理云南期间卓有建树的赛典赤·赡思丁父子；举世闻名的航海家、外交家郑和，在明成祖支持下，七次下西洋，扬国威于海外，打破封闭自守局面；思想家和学者李贽；清官、政治家海瑞；农民起义领袖杜文秀；现代革命英雄人物马骏和马本斋；等等。从这些历史人物的事迹来看，一个共同特点便是具有开拓、开放和进取精神，他们集中体现了本民族的智慧、能力和性格。

回回民族好求知。在旧时，以清真寺为基地，寺院教育即颇为发达。回回民族中，知识分子数量是较多的，这可能也和宗教信仰和教义多少有点关系。穆罕默德嘱咐他的弟子们说："智慧是穆民走失的骆驼，无论在什么地方发现，就把它牵回"；"智慧，即来自非穆斯林，也应采纳"；"你们要求学，即使远在中国也应求之"①。好求知，也就需要并能产生开拓与进取精神。

回回民族，同汉族和其他兄弟民族一样，是对祖国历史做出过重要贡献的一个民族。回回民族善于经商的特点，在发展有计划的商品经济的今天，大有用武之地。而开拓与进取，更是建设社会主义不可缺少的、极为宝贵的民族性格和精神财富。

心理状态与宗教信仰、风俗习惯的交织

宗教信仰和风俗习惯是形成民族共同心理素质的两个重要因素；一个民族的共同心理素质，又大量通过宗教信仰、风俗习惯表现出来。这是所有民族在共同心理素质这个特征上的共性。但是，回族在这一方面表露得比许多民族都更为显著、突出。

前已述及，由于历史原因，共同心理素质成为维系回回民族的最重要的精神纽带。而伊斯兰教信仰，则可以说是形成回族心理素质的"酵母"。伊斯兰教不但是一种宗教，它"实际上还包括着政治、经济、法律、文化

① 转引自民族出版社《云南回族社会历史调查（二）》，纳润章：《云南伊斯兰教简志》一文。

……等等的社会制度而穿着宗教的外衣”①。以伊斯兰教经典《古兰经》来说，除开教义、教规和宗教色彩不谈，还包含了一些哲理，富有启迪性和激励向上的内容。任何一种宗教及其经典，尽管是对现实世界的“颠倒了的反映”，但是同时也应该承认，宗教是一种非常复杂的社会现象，它在事实上又是人类文化生活的一部分。伊斯兰教及《古兰经》也不例外。它的内容如此广泛，必然会直接、间接地折射出回回民族的共同心理素质。

再以风俗习惯来看，回族由于历史原因，大部分和汉族杂居共处；其风俗习惯，相对于我国某些少数民族来说，并无太多的繁文缛节，但是却有若干特异之处，对共同心理素质的形成产生了深刻的影响。

事实表明，在回族历史上，宗教信仰影响风俗习惯，有些风俗习惯就直接源出于宗教信仰，如饮食、丧葬等习俗。宗教信仰、风俗习惯和心理状态三者交织，亦分亦合，互为影响，相互制约，不能不说是回回民族精神面貌的一大特点。

回族习俗，宰杀牛、羊、鸡、鸭等动物和家禽，必须诵真主之名，断牛、羊及家禽之喉，放尽其血，并由阿訇或虔诚的穆斯林来执行。这在实际上表现为一种宗教仪式；如不遵守教规宰性，即被视为“其肉不洁”。从这件事来看，宗教信仰、风俗习惯和心理状态三者的交织，就表现得非常明显，难以截然分辨。

伊斯兰教有三大节日。第一个是“开斋节。”教历规定九月为“斋月”。每逢此月，都只能在天亮前进餐，直至天黑，不再饮食，据说这是为了体念饥饿之苦。斋戒期满，就过三天的“开斋节”，其隆重、欢乐的气氛犹如汉族的春节。按教规，届时成年人都要“大净”。还有就是“古尔邦”节，属于穆斯林朝觐功课范围。在阿拉伯语中，“古尔邦”含有“牺牲”、“献身”之意。第三个是“圣纪节”，是纪念穆圣诞辰与逝世的日子。这些宗教节日，实际已成为全民性的活动和风俗习尚，并在回族心理状态与精神面貌上打下了印记。

回回民族好洁。这和宗教信仰亦有联系。《圣训》中有穆罕默德的话，

① 民族问题研究会编：《回回民族问题》，民族出版社 1980 年版，第 4 页。

说“安拉是洁净的，只接受洁净的”。讲究卫生、爱洁净，确实是回族一种普遍的习尚与美德，是回族心理状态的表现与反映。民俗学研究者认为，好洁就是指信仰伊斯兰教民族的大净、小净，以及按规定沐浴。① 又据说，回族男子戴无檐白色小帽，喜穿白色衣服，也有视白色为洁净之意。这又多少牵涉到审美心理的范围了。

综上所举数例，从回族宗教信仰、风俗习惯和心理状态三者交织的实际中，我们可以看出回族对于伊斯兰教的笃信与虔诚；这个民族有好洁的美德；他们还是一个善于摄生的民族，而好洁与注重摄生都可以为今所用。

保族与卫国——在逆境中求生存

本文最后一个题目，着重从另一个角度来谈谈回回人的心理状态和民族性格。

在旧中国，回回人是受压迫极深的民族之一。有民族压迫，就会有被压迫民族的反抗。这里说的“保族”，是指回回民族的自卫，即保卫和维护本民族生存发展的正当权利；这种权利，对任何一个民族来说，都是不可剥夺的。这里说的“卫国”，是指回回民族和汉族与所有兄弟民族一道，在近现代历史时期，勇敢打击了殖民主义、帝国主义侵略者。广大回族人民是爱国的，深知国存族乃存、教（伊斯兰）乃存的道理，没有局限于“保族”，勇于保卫国家，从而对中华各民族的独立解放事业做出了自己的贡献。保族与卫国——正是回回民族在逆境中求生存的正确道路，这个民族也确实在逆境中生存并且发展、壮大起来。

回回民族是一个革命性很强的民族。在旧中国，反动统治者囿于民族成见，用传统的“非我族类，其心必异”的观念看待回族，颠倒是非，把回族的革命性诬蔑为“匪”为“乱”，并借此在其他民族中制造对回回人

① 郑勉之、梁全智：《回回风俗与民族关系》，载江苏省民俗学会编《民俗学论文选》，1984 年 10 月编印，第 52 页。

的民族偏见、歧视、隔阂，直至仇视和对抗。新中国建立后，这种历史隔阂终于基本消除了。其实，我们只要稍为回顾一下回回民族过去所处的社会、政治地位，就可以明白，回族革命性的形成，是有其历史根源和历史必然性与合理性的。

回族先民随同蒙古军东来，就已饱尝战祸和流离失所之苦。在元代，回回民族也是处于从属地位。但由于对元朝开国有功，在财政、经济上对元朝有过贡献，部分上层人士又曾参加蒙古贵族统治圈，元时称回回为“色目人”，地位仅次于蒙古人而高于汉族，因此在政治上取得一定的优惠待遇。到了明代，回回民族社会、政治地位便不如元代，是被统治的民族，不过处境还算差强人意。明政府对伊斯兰教基本采取尊重态度，并曾敕建清真寺。但是，在整个有清一代，回回民族所处社会、政治地位急剧逆转，每况愈下，成为受压迫极深的民族之一。及至民国时期，军阀和国民党大汉族主义政权统治者不但承袭了清朝政府民族压迫政策的衣钵，并且变本加厉，根本否认回回民族的存在。

综观有清一代及民国时期对回回民族的高压政策，总的说来，是“欺回、压回、灭回”；分别来看，则有如下种种毒辣手段和措施：第一，对回族使用各种侮辱性称呼，清代地方志书大量使用“狪”字，国民党高级官员甚至公开叫嚣回字应加“犭”旁！第二，挑起回、汉互斗，或以汉制回、以回治回（即收买回族中少数上层地主、军阀为国民党民族压迫政策服务）。第三，武力镇压。第四，迫迁、隔离，分而治之。如 19 世纪 70 年代，陕甘回民反清失败后，清政府强迫大批回民迁往不靠城市、不靠汉区的偏僻荒凉地带，借以分散隔离，削弱回族内部的联系。第五，歧视伊斯兰教，侮教案层出不穷，占用和毁坏清真寺，干涉和破坏回回民族的正当风俗习惯，等等。

由此可见，在旧社会，回回民族经历了坎坷的道路，正如俗话所说是“官逼民反”，不得不反，即不能不为保卫本民族生存权利而斗争。到了近现代时期，回回民族又和全国各兄弟民族一样，遭受内外双重压迫，自觉地投入了反抗殖民主义、帝国主义侵略，保卫国家独立的民族解放运动中。这就是激发回回民族的革命性，“保族”、“卫国”的客观依据。我国民主革命伟大的先行者孙中山先生，在自己的著作中把回回人看成为我国

“五大民族”之一，对回族的革命性曾给予高度评价。孙中山说：“三民主义首在解放国内之民族一律平等。回族在中国历代所受压迫最甚，痛苦最多，而革命性亦最强。故今后宜从事于回民之唤起，使加入民族解放之革命运动。”又指出：“回族向以勇敢而不怕牺牲著名于世，苟能唤起回民之觉悟，将使革命前途得一绝大之保障。”①

回回民族革命性有许多历史事实为佐证。例如，元末农民革命军中就有不少回族名将。明末李自成、张献忠起义，“老回回”马守应在陕西组织回民武装响应。回族以武装起义来反抗清政府的民族压迫，早在清初即已开始。举其大者，如1647年米喇印、丁国栋发动的甘州起义；1781年苏四十三领导的循化起义。太平天国时期，西北陕、甘、新回民多次起义；云南杜文秀联合汉、彝、白、哈尼、傈僳各族大起义，同太平天国军遥相呼应，密切配合，前后坚持了十余年。回回民族参加保卫祖国独立的斗争，如19世纪末中日战争中左宝贵的回军；20世纪初抵抗八国联军的战斗。现代时期，有马骏、郭隆真等五四运动著名共产主义战士。在伟大的抗日民族解放战争中，全国各地回民无不踊跃献身，其中以冀中、渤海两个“回民支队”抗日武装尤为著称。驰骋于冀中平原，转战于冀鲁及冀鲁豫边区，由马本斋率领的“回民支队”抗击日军六年多，战绩卓著。日本侵略者曾一度包围马本斋家乡，掳去马母，妄图威逼马母劝子投降。马母大义凛然，严词拒降，绝食而死，为民族为国家英勇捐躯。1944年，马本斋积劳病逝，中共中央西北局在悼词中指出：马氏母子，两代英雄，“他们代表着回族人民和中国各族人民谋取解放的正确道路”②。

就是这样，在回回民族的历史中，始终有“在逆境中求生存”这样一种心理状态和性格作为精神支柱。回族以“保族”和“卫国”的英勇行动，保障了自身的生存权利，对中华各民族的解放事业和祖国独立做出了应有的贡献。

① 转引自民族出版社《回回民族社会历史调查（二）》，纳润章：《云南伊斯兰教简志》一文。

② 李新等主编：《中国新民主主义革命时期通史》第四卷，人民出版社1962年版，第310页。

简短的结束语

回回民族在旧中国遭受压迫极深。如前所述，封建王朝和民国时期的反动统治者，对回族施加了种种迹近灭族的迫害。但是，长期处于逆境中的回回民族并未被同化、被消灭，其故安在？笔者认为，除其他条件外，一个重要原因，就是回族有显著、突出的共同心理素质这一精神纽带。回回民族不但存在下来，并且吸收了一定数量的汉族、蒙古族成员，得到发展、壮大。回族经济发展水平，也大体相当于汉族的水平。这都表明，回回人是一个具有顽强生命力的民族。也说明了这样一个道理：共同心理素质是民族诸特征中最活跃、最有生命力的持久因素。

每一个民族，都有它的长处和短处。每一个民族的共同心理素质，都有它的积极方面和消极方面。笔者在《试论汉民族共同心理素质》一文中，曾涉及这个问题。回回民族自然也不例外。如前所述，回回民族有不少优良的历史传统，有自己的民族性格，诸如开拓与进取精神；善于经营商业；革命性强，在困难和逆境面前从不低头，等等，今天都可以使之发展、提高，为社会主义现代化建设事业服务。回回人具有强烈的民族意识，如前所述，它的表现是很自然的，属于正当的民族感情，是可以理解的。但是，一个民族，也正如一个人一样，在长处中可能潜存着短处，在优点中可能包含着缺点。一个民族有强烈的民族意识，不排除产生民族狭隘性和排他性的可能，以及防止和克服这种狭隘性和排他性的必要。如果考虑到，包括回族在内的我国各民族，在历史上都处于落后、闭塞的小生产者社会，在内部存在着这样那样的宗法制度、陈规陋习，那么需要注意防止和克服民族狭隘性、排他性就更不足怪了。

民族具有共同地域、共同语言、共同经济生活、共同心理素质这样四个基本特征。斯大林认为："这些特征只要缺少一个，民族就不成其为民族”；“实际上并没有什么唯一的民族特征，而只有各种特征的总和”①。但是，斯大林也曾这样接着补充指出：“在把各个民族拿来作比较的时候，显得比较突出的有时是这个特征（民族性格），有时是那个特征（语言），有时又是另一个特征（地域、经济条件）。”② 回回民族的情况正是这样。它以一个实例印证了斯大林的补充论述。在一定意义上说，共同心理素质是回回民族形成的首要因素，在它生存和发展的全部活动中，起着极其重要的精神纽带与凝聚作用。

在“左”倾思潮统治和“十年浩劫”期间，提出和研究民族心理素质问题成为禁忌。现在，这种错误、荒唐的观念总算基本扫除了。研究民族问题，正确执行民族政策，发展与加强社会主义民族关系，都需要研究民族心理素质，这就是我们应当得出的一个合乎逻辑的结论。

（写于1985年）

① 斯大林：《马克思主义和民族问题》，载《斯大林全集》第2卷，人民出版社1953年版，第295、298页。

② 同上书，第298页。

傣族共同心理素质探微

居住于云南省的傣族，是我们祖国多民族大家庭中的一员。总人口 83 万余（1982 年），主要聚居区在西双版纳和德宏两个自治州，各约 20 余万人口，其余分布于云南边陲及内地一些县区。新中国建立以前，西双版纳傣族社会经济仍处于封建领主制阶段。德宏傣族，部分为封建领主制，部分已开始由领主制向地主经济过渡。两个地区傣族都笃信南传上座部佛教，风俗习惯大同小异。西双版纳和德宏处于热带、亚热带地区，气候宜人，年平均气温 21℃左右，雨量充沛；土地肥沃，动、植物资源与物产丰富；主产稻谷，水利灌溉条件良好。如此自然环境，养育着具有较高层次独特文化的傣族人民。

民族共同心理素质是维系一个民族的强有力的精神纽带，是民族诸特征中最活跃、最有生命力的持久因素。它是一个民族的社会经济、历史传统、生活方式和地理环境特点在其精神面貌上的反映，大量地通过生活方式、宗教信仰和风俗习惯表现出来。本文试就旧时傣族共同心理特征勾画一个粗浅的轮廓。

一

傣族笃信南传上座部佛教。南传上座部佛教何时传入傣族地区，至今说法不一。据可信史实，传入很早，已有千年历史，普及于明代。傣族地区城乡、集镇、村寨佛寺遍布，人人信佛。南传上座部佛教之于傣族，几如布帛菽粟，不可须臾或离。这种情况，在我国少数民族中是不多见的。

傣族宗教活动频繁，宗教节日很多，可以总称之为“赕佛”。“赕”就是敬佛、做佛事。经常有各种群众性佛会举行。平时信徒须向和尚布施，即每日轮流供奉饭食；还要向寺僧奉献，捐资、出力兴修佛寺佛塔等等。据一般估计，过去傣族在宗教上的花费大体相当于全年收入的20%左右。

一年当中最隆重的是“关门节”和“开门节”，时间在6月至9月，历时90天，正是已经栽插、收割之前的一段时间。从“关门节”（“进洼”）开始到“开门节”，停止劳动，青年男女也不进行婚恋；个个信徒在家里过宗教生活，常去佛寺静坐参拜；有些中老年男子还去佛寺住一段时间，听大佛爷讲经说法，讲傣族历史。三个月期满“开门”（“出洼”），接连两三天男女老幼都去佛寺参拜、祷告、忏悔。至此，约占全年四分之一时间的盛大宗教节日活动始告结束，转入秋收。

世人熟知的一年一度的“泼水节”，实际已成为代表傣族的一个重要标志。关于“泼水节”的来历，故事传说不尽相同，但有两点很清楚，其一是它具有宗教性质，故亦称“佛诞节”；其二是傣历新年伊始，送旧迎新，犹如汉族春节一样。节日期间（三、四天），男女老幼到佛寺“赕佛”，为佛泼水“洗尘”，听佛爷讲经，同时聚集在一起相互泼水，祈求消灾纳福，安居乐业，祝愿吉祥如意。泼水节期间还有放升高、赛龙舟等活动，又可说是宗教色彩和文娱体育融为一体了。

南传上座部佛教信徒一辈子当中，生老病死、婚丧嫁娶无不与佛有关。如小儿乳名由和尚命取，男女青年结婚要到佛寺参拜，听佛爷诵经，由佛爷在他们手腕上拴以彩色丝线，以示祝福。傣族习俗尚薄葬，但人死后要请和尚念一次经。在德宏地区，信徒都力求在一生中有一次“做摆”，认为这是平生最光荣之事，将来可达佛国天堂，为此不惜将长年积蓄花完。“做摆”时请佛爷到家里诵经数日，买佛像到佛寺供奉，然后大宴亲友。

以上是就宗教生活与节日而言。南传上座部佛教佛寺还具有文化教育方面的原始职能，或叫启蒙作用。傣族宗教习俗中，男孩长到十岁左右，必须到佛寺当一段时间（几个月至数年不等）的小和尚，然后还俗，否则就会被视为“野人”，大了找不到妻室，死后不能“超度”。当小和尚期间，学习老傣文和佛教经典，类似于汉族上私塾学堂，启蒙教育即寓于其中。保藏经文的佛寺，可说就是有关本民族宗教、社会历史和文学的书库。此外如德宏地区佛寺中的“义译经”，内容虽为佛教故事，但却成为“傣族知识的宝库，人民的重要读物”①。又如前已述及，“关门节”期间，一些男性老年人住进佛寺听佛爷讲经、讲本民族故事，不少人就在此时抄写经文奉献给佛寺，这也是一种具有宗教色彩的知识教育。

傣族除信仰南传上座部佛教外，过去还保留不少原始宗教崇拜习俗，例如生产祭祀、供奉屋神与寨神等等，这对民族心理亦不无影响。

总起来说，南传上座部佛教渗透于傣族生活深处，特别是对共同心理素质的形成起着重要作用，真可谓无所不在，心理特征处处有其轨迹和烙印。对此，我们可以归纳为三个方面，以它们作为观察傣族心理素质以至社会历史的一个线索。

（一）旧时，统治阶层宣扬“不信佛教的不是傣族”；“宗教存、民族存，宗教亡、民族亡”；“傣族没有姓氏，只有共同宗教”。这些似是而非的说法世代相传，铭刻于民族成员的脑际，从而造成民族与宗教不分、宗教即民族、宗教意识与民族意识合而为一的心理状态。这一客观情况，要求我们在傣族地区执行民族政策时遇事都应考虑一个宗教因素；宗教问题处理好了，民族工作便能顺利开展，得心应手。

（二）南传上座部佛教认为“人空法有”，相信生死轮回之说，主张积善行以修来世。它与汉传佛教“普度众生”、“无所得”的教义有别，着重以“成果”为目的，力求通过“自我解脱”达到“涅槃”，所以也有人称南传上座部佛教为“自利教”。“自我解脱”意近独善其身，要求清心无为，这显然是一种出世的而不是入世的人生观、价值观。因此，遇到人间不平事，往往是采取消极遁世的态度而不是积极抗争。南传上座部佛教信徒的心态，还倾向于保守、安于现状，这又和封建领主及地主制度下自然经济、小农意识相吻合相适应，相互为用。这种心态使民族进取精神受到严重的阻抑。

一般说来，基督教和伊斯兰教都持入世的人生观，并且颇具进取精

① 江应樑著：《傣族史》，四川民族出版社 1983 年第 1 版，第 536 页。

神，尤其是在社会进入资本主义阶段以后。南传上座部佛教持出世的人生观，倾向于保守与安于现状，因此和基督教、伊斯兰教有很大不同，它离宿命论最近。只要把握南传上座部佛教这样两个基本点，那么，对于封建领主制、阶级统治、等级森严在傣族地区为何得以长期延续；其内部经济为何发展迟滞，社会闭塞；以及傣族人民对待现实生活的功利主义态度，都不难理解或得到答案。

（三）傣族信仰的南传上座部佛教，也如其他宗教一样具有双重性。对社会发展起消极作用是其主要方面；但是，作为一种文化、精神现象，南传上座部佛教同时又具有一定的价值和积极意义。例如，僧侣和信徒守戒律、积善行在某些良好道德规范上的自我约束；佛寺在文化教育方面的启蒙作用；宗教艺术（寺塔建筑、绘制宗教故事的精美壁画等）和民间文学的创作与传承；以及民族觉醒意识和爱国主义思想的孕育，等等，都对傣族社会的发展、心理素质的形成产生多方面的影响，赋予民族特点。在下面的论述中，将可看到这种影响在其道德规范、行为方式、人际关系与待人接物以及审美观念中都有反映。

二

南传上座部佛教是形成傣族心理素质的重要的宗教观因素。表现于人际关系、道德伦理、行为方式方面，一个主要心理特征是温文尔雅，重和睦、轻纷争。对此，20 世纪 60 年代初笔者在西双版纳景洪县戛洒区曼占宰乡村寨及德宏芒市风平坝子曾作观察，有过亲身见闻。

在论述上述主要心理特征时，有两点需要说明。

第一，新中国建立以前，傣族社会内部区分为不同的阶级，存在着阶级压迫与剥削，社会等级森严。如在西双版纳，召片领和少数领主、头人、土司是统治者与剥削者；占农村人口 90% 的劳动者（“傣勐”、“滚很召”等），除封建经济负担外，还遭受着沉重的超经济剥削。旧时，领主内部及不同领主集团之间的掠夺、冲突、争斗与征战频仍。不言而喻，“温文尔雅”很难适用于那些领主阶层的人，重和睦、轻纷争也不会是剥削者的心态。以下具体论述，我们是就民族主体即占人口大多数的劳动者而言。

第二，在我国一些少数民族中，不同程度地存在着重和睦、轻纷争的美德，这种心态并非为傣族所独有。但在这个民族中，确实表现得很明显、突出；可以说，这个民族在道德伦理、人际关系方面是以此著称，以此见长的。

在人际关系、待人接物中，傣族态度、举止显得温文尔雅，落落大方。这既有别于北方游牧民族的粗犷豪放，也不同于汉族的内向含蓄。我国许多民族都热情好客，而傣族尤其显得有礼、易处，轻言细语，笑容可掬，令人没有异族感。这一点，也许正是傣家温文尔雅、落落大方所具有的魅力。而每当一位傣家主妇向你捧上一份用翠绿芭蕉叶垫托的、香喷喷的红糖糯米糍粑时，似乎其特有的温文尔雅也尽在其中。

傣族人民即使在行为方式、劳动习惯上也是从容不迫、慢条斯理、悠然自若，有一种独特的生活节奏。傣族地区地多人少，生产稻谷，又有得天独厚的天时地利。过去，水稻种下之后，直到收割，几乎就不再去过问。稻谷成熟季节，有的路人来向主人热诚招呼，告诉谷子黄了，主人这才下田收割。稻谷收割脱粒后，在西双版纳通常由男劳动力扬场，两人一堆，相对而立，手持特大篾扇，不断挥动，扬去谷草，其动作酷似原始舞蹈。扬净后的谷子，多由年轻妇女用扁箩挑回，五人一行，十人一列，身着色调悦目的民族服装，行进时谈笑说唱，婀娜多姿，轻盈飘逸，简直是绝妙的民间舞蹈。傣族村寨多水碓，昔日用于舂米，晚上送去谷子，次早去取米，无需人照管。所有这些，都展示着傣家村寨的自然风情，一种慢悠悠的安闲自得的生活节奏。这种生活节奏可能有益于人的健康，但在一个民族步迈现代化的行程中，却又不免会受到严峻的挑战！

傣族村寨有良好的民风，这是人尽皆知的。邻里、村寨有事相帮，有难相助；修建佛寺、佛塔，群策群力固不待言；举凡盖新房、红白喜事等等，也是彼此乐于互助。邻里之间又极少争吵、斗殴，不同村寨向无械斗。过去夜不闭户，路不拾遗。在德宏傣族村寨，人们都以出现乞丐为耻，必多方相助使行乞者得以糊口谋生。这些寨规民约，都不是什么明文章法，而是在历史上自然形成的。

家庭是社会的细胞。人际关系，也包括家庭人伦关系。傣族家庭的人伦关系和道德规范，有不少能和现代社会相适应的积极因素。据江应樑教授所著《傣族史》，傣族男女青年恋爱比较自由，结婚亦不草率，养育子女，父母同责；夫妻经济地位平等，除共有财产外，可各人自由积蓄私有；离婚也较慎重，妇女再嫁，子女相随，社会与继父不加歧视；子女成家后一般另立门户；子女赡养父母与父母养育子女一样是应有道德，人伦常理①。

综观上述，傣族社会中的人际关系、待人接物，可以说是比较和谐协调，富于民族特点的。我国五十多个民族，在伦理道德方面都有不少古朴民风，它们是一定的社会经济和历史条件下的产物，构成该民族文化传统的一部分，也是民俗学与伦理学研究的好材料。其中不外三种情况：一是原本落后以至愚昧的表现；一是已不适合现代社会并正在消失中的；一是有相当一部分可以改造、发扬、提高，赋予现代意识、古为今用的。上述傣族社会的人际关系、道德规范中一些积极成分，便属于后一种。傣族温文尔雅、重和睦、轻纷争等心理特征的形成，虽有其历史传统、宗教信仰、民族气质等因素与背景，但如果给许多古朴民风和美德注入时代的血液，那就会使它们在精神文明建设中既具有民族色彩，又符合社会主义道德规范的要求，从而净化社会关系，减少人际交往中的隔阂、摩擦和冲突。

三

审美观是人们对美的事物、美的创造、美的活动所持的看法和态度。这里所说的“美”，包括容貌美、色彩美、物体美、风景美等自然形态；美的文学、艺术、心灵等属于精神形态的东西；以及广而言之——人们的社会实践活动。审美观大量地通过一定的文学艺术形式表现出来，或者说，在文学艺术作品中得到广泛折射和确认。审美也是一种心理活动，审

① 江应樑著：《傣族史》，四川民族出版社 1983 年第 1 版，第 493－495、506、591 页。

美观念具有民族性，它源出于民族的共同心理素质，寄托着一个民族的爱好、兴趣、习尚和情操乃至自豪感。以下仅对傣族在服饰、建筑风格、文学艺术中的审美观略作探索，以窥一斑。

任何一个民族对服饰美的要求，都是女性比男性敏感、强烈。傣族也是这样，其中又以西双版纳地区年轻妇女为最。她们一般喜留长发、挽髻，戴耳环。上衣为圆领大襟或对襟。袖长而窄小，宽下摆，下着彩花长筒裙。上衣用细软布或绸子缝制，多粉红、杏黄、淡绿、浅蓝和纯白色，贵淡尚雅，一看便知对色彩具有相当高的审美能力。诚如江应樑教授所云，傣族妇女服饰特点是“简单、清洁、式样美观、色调调和”，“很少有累赘而近乎原始的装饰品”，且“不施脂粉”①。可以说，这正好印证了“浓妆淡抹总相宜”的诗句。从客观效果看，则是人的服饰美及其所处环境的大自然美交相辉映，浑然一体。

傣族建筑艺术风格，最具特色的莫如佛寺佛塔和民居竹楼。从民族心理、审美情趣看，二者异曲同工；以构造和花费来说，则适成鲜明对比。

傣族集镇、村寨必有佛寺佛塔。信徒们建寺建塔多不惜花费。寺、塔的建筑技艺精湛，造型美观，色调明快，瑰丽多彩。佛塔顶尖高耸入云，一如其他宗教教堂的顶端，含有通达天国、佛境之意。佛寺内有大小佛像、佛幡、精制壁画、藏经等。佛寺佛塔的建筑艺术，直接反映了傣族的宗教心理与审美情趣，为一村寨居民信徒的精神之所寄托，因此人人乐于尽力奉献。

西双版纳和德宏部分地区傣族住竹楼，其建筑和佛寺佛塔适成鲜明对比。一座竹楼数日即可建成，花费很少，但是简朴、大方、美观、别致，就当地环境气候条件来说又非常实用。在西双版纳，竹林深处，大青树旁，凤尾竹下，竹楼座座，错落有致，有些村寨竹楼的布局还呈“井”字形方块，每座竹楼前后左右均有一定间距。环境恬静，阵阵古老纺车声由竹楼中传出，展示着田园诗一般的风情；它不但是傣族在居室建筑方面情趣的反映，而且还可看成是南传上座部佛教与世无争心理状态的一种折射。

① 江应樑著:《傣族史》，四川民族出版社 1983 年第 1 版。第 493 -495、591、506 页。

傣族文学作品洋洋大观，有英雄史诗、故事传说、童话、歌谣、寓言、叙事长诗等等。叙事长诗是其文学宝库中的一颗明珠，一朵奇葩，典型地、集中地体现了傣族的审美情趣。它存在与流传至今已有千年历史，卷帙浩繁，有的研究者指出已知数量在五百部左右，这在我国各民族中实属罕见。叙事长诗少的几十行、千百行，长的超过万行。内容丰富生动，题材广泛多样："纵"贯古今千余载；"面"及本民族自然环境、生产、社会历史、文化、政治、征战、爱情、宗教故事（此类占很大分量）；"横"的方面有取自汉族的神话、传说，从印度、东南亚传入的宗教故事与社会事件、民族关系的题材，因此"实可称为傣族社会的百科全书"①。许多叙事长诗实际上就是本民族劳动、生息、繁衍、发展的历史记录，充满了乡土气息、民族意识、爱国思想以及民族自豪感，可谓熔历史性、知识性和教育、娱乐意义于一炉。世人熟知的叙事长诗名篇，有描写傣族先民创业史的《叭阿拉吾射金鹿》，以男女爱情悲欢离合为主题、抨击社会弊害的《召树屯》、《娥并与桑洛》（此诗内容似汉族的梁祝故事和莎士比亚的罗朱悲剧）、《婻布罕》以及《线秀》等。

论及傣族叙事长诗，必然要讲到"赞哈"。"赞哈"即会唱歌的人，民间专业和不脱产、半专业歌手，多来自还俗和尚与佛爷，文化知识比较丰富，才华出众。他们走村串寨，演唱时有民族小乐器伴奏，形式生动，群众喜闻乐见，富于人民性。大部分为口头演唱，有的将叙事长诗整理传承，书写于贝叶或绵纸上面。西双版纳傣族习俗，凡遇年节、喜庆、盖新房、升和尚、庆丰收、小儿满月、青年结婚等，都有"赞哈"到场唱诗，其内容主要即上文所述各类叙事长诗。过去，也免不了有少数"赞哈"演唱请神送鬼一类的东西。

"赞哈"多数出自于还俗和尚与佛爷，成为歌手后在演唱活动中同南传上座部佛教关系仍很密切，两者相互影响、相互渗透，"一方面是宗教知识和佛教教义成了赞哈们演唱内容的一部分，另一方面是赞哈们演唱的历史、传说故事也被宗教教徒改编为经文的形式，成为佛寺中保存的经

① 张公瑾著：《傣族文化研究》，云南民族出版社 1988 年第 1 版，第 56 页。

典"①。

如果说叙事长诗是傣族文学审美趣向的典型而集中的体现，那"赞哈"便是它的载体。从社会功能看，"赞哈"是叙事长诗的中介继承者，以演唱方式传承这一文学样式；同时，出类拔萃的"赞哈"在演唱时往往即兴创作，爆出精彩的段子，从而使叙事长诗丰富了内容，不断得到发展。因此"赞哈"又可说是叙事长诗的开拓者。对一些演唱健康内容的优秀的"赞哈"来说，称之为民族智慧的体现者当不为过誉。今天的任务是使叙事长诗和"赞哈"的演唱能够更好地为社会主义精神文明建设服务。

从宏观看，傣族文学艺术所表现的审美观，一个特点是其主调或导向大体可用勇敢、正直、自由、幸福、祥瑞、纯洁、善良等来概括。这些概念，在很大程度上也可以用宗教心理来解释，特别是幸福与祥瑞、纯洁与善良，乃是南传上座部佛教信徒在现实生活中馨香祈祷的理想境界。另一个特点是，审美趣向有相当一部分是通过某些可爱动物来表现的，如憨厚的大象、华丽的孔雀、善良的金鹿、多情的凤凰，对这些动物带有图腾式的情感，或直接描绘，或借喻、模拟，以至加以人格化。十二版纳这块神奇的乐土，在历史传说中就是傣族先民在追逐一只金鹿时发现的。至于孔雀和孔雀舞，则更是美与祥瑞的象征，集中的体现。大象秉性憨厚勤劳。凤凰标志着男女情爱幸福。所有这些，未始不和宗教意识相连，同时又和傣族地区的自然生态与动物有关，自有轨迹可寻了。

四

傣族人口虽然不多，但大部分有比较集中的聚居区。它有自己的语言文字、独特的经济生活、风俗习惯和共同心理素质。傣族先民源于古代越人，可说已有两千多年文明历史，是一个素质较好的民族。

民族素质包括人口、文化、社会—政治及心理素质等四个因素。傣族在这四个因素方面处于一种什么状况？

① 张公瑾著：《傣族文化研究》，云南民族出版社 1988 年第 1 版，第 74 页。

就人口素质来看，据江应樑教授在新中国建立前的调查，傣族生育率不高，每户子女平均约二人①。过去可说没有人口压力。但傣族今日仍面临计划生育和优生优育优教的问题，这对增强民族的体质和提高智力水平是非常重要的。

就文化素质来说，一方面，傣族具有较高层次的独特的民族文化；另一方面，从现代教育、科学技术、民族应有文化水平来看，又与我国许多少数民族一样处于较低层次。因此，必须以发展现代教育、普及科技知识来提高全民族的文化素质。没有文化素质的提高，便不会有民族的现代化。在这个问题上，应当估计到，傣族社会历史传统、浓厚的宗教意识，在一定范围内和一定程度上还妨碍着民族文化素质的迅速提高；旧时小农经济造成和遗留下来的某些陈规陋习以至愚昧落后现象，对提高民族文化素质也有一定的消极影响。

民族的社会—政治素质，是指一个民族在社会、政治方面的觉醒和成熟性，以及由此而产生的活动能力和它对创造历史所起的作用。傣族的社会—政治素质，在新中国建立前受到三个因素的制约：第一是如前所述，南传上座部佛教在人生观、价值观上的出世态度影响了积极抗争与进取的精神。第二是从生产关系方面看，在封建领主制地区，农村公社土地所有制和村社组织在一定程度上掩盖了阶级剥削关系，从而模糊了农民的反抗意识，妨碍了民族内部的政治觉醒。第三是从生产水平看，因为天时地利独厚，民族经济生活温饱有余，甚或可说是相对富裕，不免导致保守与安于现状的心态的加强。因此，民族的社会—政治素质亟待精心培育，发展提高。当然，上述三个因素的存在，并不等于说傣族社会过去是风平浪静、没有斗争的。在傣族历史上，反对封建势力和阶级压迫（包括民族内部领主集团及中原王朝）的斗争时有发生，这种斗争在叙事长诗中得到了反映。同时，傣族也具有明显的民族意识和爱国主义思想，如在古代反对邻国王朝势力的欺侮；近代和边疆各民族一道反抗英、法殖民主义者的侵略；现代时期参加中华民族的抗日斗争。19 世纪末 20 世纪初，还有刀安仁等忠诚追随孙中山先生坚持民主革命的先进人物出现于政治舞台。所有

① 江应樑著：《傣族史》，四川民族出版社 1983 年第 1 版，第 596 页。

这些，都是爱国意识的发扬、民族的社会—政治素质得到一定发展的表现，它说明傣族在和各兄弟民族共同缔造祖国历史的过程中有过自己的贡献。

就民族心理素质来看，傣族在历史上有一些好的传统，如某些道德规范。新中国建立至今，特别是改革开放以来，与物质生活有很大提高相伴随，民族心理也或多或少地发生了变化。这表现在影响生产的宗教活动已有所改变，以往“关门节”至“开门节”期间三个月不劳动，现在不再拘泥于严格的传统；宗教上的花费相对减少；原始宗教迷信破除不少；以及开放意识的引进、小农社会封闭性的打破，和汉族等不同民族间通婚的增多，等等。与此同时，近十年来由于生产得到较大发展，和各兄弟民族的接近、合作日益密切，相互影响，更多的傣族人民投入了社会主义建设，现代化意识开始萌发，从而有助于促进人生观、价值观由出世到入世的历史性转变。可以预期，在祖国大家庭的社会主义建设大业中，傣族将与各兄弟民族一道，不断提高自身的素质，日益走向繁荣昌盛，发展成为一个现代民族！

（写于1989年）

试论美利坚民族共同心理素质

美利坚民族的形成

居住在北美洲大陆中部的美利坚民族，是从17世纪开始，由英吉利、西欧大陆、北欧和亚洲的移民，非洲掳来的黑人（在美国被称为“用锁链拴来的非自愿移民”），以及土著印第安人、爱斯基摩人等为主体而形成的。这个民族，以1776年独立战争、脱离英国统治——这件事本身就意味着民族意识的萌发——为契机，经过19世纪初开始的“西进运动”的熔铸，到南北战争结束，工业资本主义的北方获得胜利，统一于一个联邦国家而最后形成和定型。在世界不同民族产生的具体过程中，美利坚民族的形成无疑是一个特殊的模式。

美利坚民族有自己的广大的共同地域；内部已形成统一市场，有密切的经济联系，充分获得发展的共同经济生活；由于最初是以英吉利移民居多，自然地形成以英语为民族共同语。美利坚民族的这三个共同特征，都是非常显著、典型，世所公认的。问题是，它由几十个以至上百个不同民族的成分所构成，同流异源，渊源复杂，是否也有自己的共同心理素质或民族性格？

笔者的回答是肯定的。诚然，美利坚民族是一个多民族、多种族和多元文化掺杂的人们共同体，但美国的情况和中国及苏联不同。中国和苏联（或以前的俄国），都是一个人口占大多数（中国）或多数（旧俄与苏联）的较大民族为主体，同时有众多在经济文化、语言、风俗习惯等方面有明显特点与差异的少数民族组成的。美国人虽然可以说是一个“民族博览馆”，其先民是来自全世界，但是经过四方杂处，长期潜移默化，已自然融为一个美利坚民族。整个美国，正像列宁所描绘的纽约城那样，是“碾碎民族差别的大磨坊”。我国启蒙学者梁启超把这种情况称之为众多不同民族的“化合”。美国人自己说他们的国家是一个“民族熔炉”，外来移民已经“同化而为一个特色鲜明的民族”。我国费孝通教授则说毋宁称之为“民族拼盘”。有的美国学者认为：“比‘熔炉’更准确些的比喻应该是‘沙拉盘’，这意味着每一成分都贡献出自己的特色，并且都增进整体的味道。”① 笔者认为，“民族熔炉”这个形象说法是比较确切的。

对于美利坚民族构成的复杂性，尽管说法与比喻各异，但都确认美国人已形成为一个民族。因此，美利坚民族不仅有自己的共同地域、语言和经济生活，同样具有特殊的、不同于其他民族的精神面貌，亦即共同的民族心理素质或民族性格。当然，我们也应该看到，来自欧洲、亚洲的各个民族成分，两千多万黑人，百余万土著印第安人，除有美利坚民族的共同心理素质外，同时还带有原来所属民族的心理特征与性格的某些痕迹或烙印；由于民族心理素质具有持久生命力和不易完全磨灭的特点，残留这些历史的痕迹或烙印是毫不足怪的。

美利坚民族共同心理素质的主要特征

什么是共同心理素质？笔者曾在《论民族共同心理素质》一文②中对其涵义、表现、特点与作用加以探讨。并认为共同心理素质的形成“是一个民族的社会经济、历史传统、生活方式以及地理环境的特点在该民族精神面貌上的反映”。美利坚民族的共同心理素质当然也不例外，同样是在社会经济、历史传统、生活方式以及地理环境这四个因素的影响下形成并受其制约的。在这里，让我们首先简单地勾画一下这四个因素在美国的

① ［美］卡罗尔·卡尔金斯主编：《美国社会史话》，王岱等译，人民出版社 1984 年第 1 版，第 30 页。“沙拉盘”为西餐中常见的一道菜，多半由土豆、卷心菜及番茄等组成。

② 熊锡元著：《民族特征论集》，广西人民出版社 1987 年第 1 版，第 42－61 页。

表现。

社会经济——没有经过奴隶制、封建制社会发展阶段（南方各蓄奴州为一种特殊的奴隶制，即当时黑人是贩运而来，不是内部阶级分化的结果），是典型的工农业经济高度发达的资本主义社会，现代工农业有不少部门在全世界居于领先或前列地位。

历史传统——立国时间不长，可以说几乎是在“一张白纸”上开始撰写历史；独立战争、“西进运动”、解放黑奴、两次参与世界大战，就是构成民族历史传统的主要因素。美国文化底子较薄，然而也没有旧传统的“包袱”。

生活方式——这是一个含义很广的概念，泛指物质文明与精神文明的总和。美利坚民族的生活方式，可用“四高”来概括，即高需求、高标准、高效率和高消费。过去我国的学者认为，美利坚民族所崇拜的第一是金钱，第二是上帝，第三才是英雄①。此说不无道理，用今天的话来说，这就是美利坚民族的价值观念。

地理环境——美国地大，总面积与我国相差无几（为937万平方公里），资源丰富；北美大陆处于太平洋与大西洋之间，远离亚、非、欧及大洋洲，地理位置安全，总的来说可谓得天独厚。如此生存空间，无疑会在民族精神面貌上打下印记，例如历史上影响美国与世界关系的“孤立主义”，独立后拓殖与全面开发之于民族性格的铸成，都是很好的说明。

就是在上述四个因素的基础上，形成了美利坚民族特殊的共同心理素质与性格。笔者认为，它可以概括为四个主要特征。当然，这些特征也不一定为美利坚民族所独具；但是它们确实可以说明，在美利坚民族的生存与发展中，具有以此著称、以此见长、以此取胜的特点。以下我们就来分别略述美利坚民族共同心理素质的四个主要特征。笔者认为，分析美利坚民族的共同心理素质，也有助于我们对汉民族共同心理素质与性格作比较研究。

1. 富于进取，鄙视守成

早在16、17世纪，英国和欧洲大陆的新教徒、贫苦农民与手工业者，

---

① 张安世著：《各国民族性》，上海华通书局发行（民国十九年），第90页。

就不断移居北美新大陆。当时他们抛弃家园，立意去追求那前途莫测的新生活，这件事本身就表现了一种自立自强、富于进取的精神。英属十三个殖民地独立，美利坚合众国建立以后，随着领土的扩大（由东部伸展到西部太平洋沿岸）和开发，富于进取的民族性格进一步形成，而19世纪的“西进运动”对这种民族性格的铸炼又起了决定性的作用。

19世纪初，美国以很低的代价从法国殖民者那里购得密西西比河以西的一大块土地——路易斯安那。从此，东部美国人，以及继续从欧、亚各地移居美国的人，不断涌向西部拓荒。美国历史把这件事称为“西进运动”。人们赶着有篷马车和牛车，行进于中西部荒漠、草原、沼泽及重峦叠嶂的不毛之地，战胜风雪严寒、干旱和疾病，边西进，边开发，边建设家园。在这个过程中，依靠简单工具和手工劳动，一个个小规模的农、牧场，一座座房舍和小城镇，出现在原来几乎荒无人烟或人口稀少、人迹罕至的地方。

例如，南北战争前后任美国总统的林肯，其父于1816年乘木筏一条，上面载着全部家具和几件开荒器具，妻儿相随，用一年工夫开辟了一个小农场，盖起一间简陋的木屋①。这样就有了生活与发展的立足之地。

又如，19世纪中叶，摩门教（亦基督教一派）主教杨伯翰于1844年率领教徒三四千人，向中西部一块蛮荒绝地进军，在那里辗转奋斗创业三十年，历尽艰难险阻，创建了一个“蜂巢州”——这就是后来在1896年被吸收为美利坚合众国第四十五个成员的“犹他州”②。“蜂巢州”是犹他州的别名，是人们对它的爱称，取杨伯翰及其追随者以“蜜蜂精神”一点一滴开拓、创业、积聚之意。这个犹他州，面积小、人口不多，但在美国历史上却极负盛名。

随着中西部的开发，铁路建筑也由东部不断向西部伸展。到1896年，横贯美国东西部的铁路大动脉修通，这从一个侧面表现了美国人富于进取的民族性格。此外，除了在中西部拓荒，当时人们还为进取精神所鼓舞，纷纷拥向加利福尼亚淘金。

---

① 费孝通：《美国与美国人》，三联书店1985年第1版，第18页。

② 王华：《美国有个“蜂巢州”》（《杨伯翰创业记》），《环球》杂志1987年第3期，第32－34页。

在这里应当指出，美利坚合众国前期领土扩展、“西进运动”的过程，除了曾和法国、西班牙、英国、墨西哥争夺土地外，自始至终都伴随着土著印第安人被驱赶、被剥夺（土地）、被损害、被侮辱和人口减少的血与泪交织的悲惨历史。但撇开这一点，我们应当肯定，美利坚民族对广大中西部的开发，这对于富于进取的民族性格的铸成，其意义是重大而深远的。它为日后美国能够进行大规模的农业生产，为日后工业大发展，打下了坚实的基础；而富于进取的民族性格，时至今日仍然在对美国社会产生着重大影响。这都是世所公认的事实。

富于进取的民族性格，还派生出一些优长特点。美利坚民族对物质文明建设有一种永不满足的心理和欲望。20 世纪 30 至 40 年代贡献卓著的富兰克林·罗斯福总统有一句形象化的名言：“把蛋糕做大一点。”① 意思是要立足于创造更多财富，这样国民分配才会多起来。确实是这样。富于进取，使美国社会在无形中形成一些有积极意义的信条，例如，不是寻求安稳而是不断地去寻求机会；可以允许失败但不允许不创新。人所共知，美国人事业心很强。大垄断资本家和富豪生活很阔绰，但同中世纪封建社会地主贵族豪强仍有区别。他们一旦致富，挥霍无度者容或有之，但有不少人都乐于兴资去创办教育、慈善等公益事业，有如我国许多海外华侨资本家那样。美国人这种由富于进取的民族性格派生的一些社会信条和事业心，用我们中国的一句话来概括，就是“创业而非守成”六个字，崇尚创业，鄙视守成。因此，美国人成为一个充满活力的民族。正如费孝通教授所说：“攀登成了美国人特有的性格。上升，上升，不肯停留在一个地方或是一个位置上。”②

2. 勤奋工作，机会均等

美国是一个资本主义社会，优胜劣败、竞争法则起着支配作用。对这样一个社会中人们的经济关系，即从事劳动与取得报酬的生产、分配关系，首先需要明确如下三个基本现象，然后才便于探讨美利坚民族性格的另一主要特征——“勤奋工作，机会均等”。

---

① 吴国光：《从“分蛋糕的哲学”看传统文化》，《文汇报》1986 年 8 月 29 日第 2 版。按，该文“传统文化”系指我国的传统文化。

② 费孝通：《美国与美国人》，三联书店 1985 年第 1 版，第 157－158 页。

其一，资本家的收入，有相当大一部分是来自工人阶级创造的剩余价值；但他们作为企业的创办、组织、计划和经营管理者所付出的劳动，又同样属于创造社会财富所必需。

其二，在这个社会中，平均主义没有它存在的土壤和余地；由于每个人的劳动能力等条件不同，所取得的报酬就必然会有差别，贫富悬殊是一个客观存在。

其三，失业是资本主义不可避免的伴侣，不论是经济衰退萧条还是增长繁荣的时期，都有一支人数或多或少的失业大军存在。

但是，除了上述三个基本点之外，我们应当看到，在美国社会中总的还存在着“勤奋工作，机会均等”这样一个信条或准则，也就是人们怎样去承受社会劳动和分配的一种心理状态。它的实质在于：勤奋工作是前提；在此前提下，人们取得社会报酬、生存发展享受的机会是均等的。这个信条的可贵之处，就是对“劳动”原则的充分肯定与激励。当然，在资本主义社会，存在一个失业者被剥夺劳动权利，不能取得应有社会报酬的问题。如上所述，这是资本主义社会固有的弊病。我们认为，它的存在并不能否定“勤奋工作，机会均等”这样一个总的准则。

“勤奋工作，机会均等”，追根溯源仍然是来自早年移民开拓的传统，也是富于进取精神的延伸与应用。这个信条虽然也是不成文的，但对美国社会中诸种关系，如经济关系、人际关系，以至家庭人伦关系都起着明显的制约作用，实际上成为人们生活中的一种原动力；对它的社会意义、合理性和公平性，我们不应低估。这八个字，既是一种社会心理、价值观念，又是民族心理状态的表现与反映。

在“勤奋工作，机会均等”的制约下，美国社会自然形成知识与才能受到普遍的重视；不问出身和地位，不分畛域，取人之所长成为一种风气。知识和才能，可以说是在客观上调节社会经济关系、人际关系的一个重要因素。

在美国社会中，就不同种族、民族关系来看，当然仍有歧视和不公平现象存在，如黑人处境仍未得到彻底改善，仍然没有普遍获得自由平等的权利；亚洲去的移民因肤色和民族不同而受到不应有的歧视。但是，在美国，由于“勤奋工作，机会均等”的价值观念在起作用，由于有色人种天资才智丝毫不弱于白种人，勤劳、发愤，并且不断在为争取自身平等权利而斗争，因此黑人与亚洲移民社会地位较之上两个世纪有了明显的改善。黑人出任大使、市长、法官；一些州已不禁止黑白同校；体育界黑人健将成就出众等等，是多少可以说明一些问题的。又如，亚洲去美移民，20世纪特别是第二次世界大战以来，也靠自己的勤奋打开了局面，在美国科技、文化、教育界作用日益显要，职位高，收入丰，以致现在白种美国人已开始感到一种“亚洲冲击波”。费孝通教授对这类问题的看法和估计是：“我们得承认被拒绝于平等竞争圈外的有色人种确是少数。”①

从美国与国际社会关系来看，世界各地人才大量流入美国，特别是第二次世界大战时形成一个高潮，其中又以亚洲移民所占比重增长最快；而美国政府也特别注意吸收各种具有专门知识的人才。这种现象也绝非偶然。“勤奋工作，机会均等”信条本身就具有面向世界的开放性特点，对人才流美有很大的吸引力；其结果不但移民自身能运用这个信条立足下来，得到发展，同时对美国社会又做出重大贡献，可谓内外两得其益。

在美国，“勤奋工作，机会均等”的信条与观念，影响所及，折射于家庭人伦关系，也很明显。早期移民北美者多为欧洲穷人，宗教上受压抑的新教徒；往往是老一辈留在欧洲，中青年只身一人或小家庭漂洋过海，移居美国，如不勤奋，立足生存都不可能。后来在开拓过程中，父母与子女之间实际上也是按“勤奋工作，机会均等”价值观念相处和相互对待。这是历史地形成的一种家庭人伦关系。人所共知，美国人子女从小就受到自食其力的教育熏陶，成年以后绝大多数即离家独立生活，已成风尚。在这种情况下，起作用的因素不是依靠祖辈余荫、父母恩赐，而是按“勤奋工作，机会均等”的信条自求立足于社会。费孝通教授说得好：在美国，父母对子女之爱也是有条件的，“父母不会单因为你是他们的孩子就会爱你”，“做美国的孩子除了胜过自己的同伴”就“不会获得父母的喜欢”②。在美国这个工业社会，亲子关系表现出来的民族心理是如此。若将我国封建社会和迄今仍然严重残留的父母对子女诸事包办、子女又依赖父母的情

① 费孝通：《美国与美国人》，三联书店1985年第1版，第191页。

② 同上书，第171页。

况与之对比，中西家庭人伦关系可以说是两个截然不同的模式，我们或许可以从中得到一点有益的启示。

3. 平民精神，不尚等级

美利坚民族是在近代时期形成的民族，先民多来自欧洲，它是向欧洲封建传统与习惯势力告别并与之决裂的产儿。美国社会没有经过封建主义制度，基本上径直从资本主义起家。因此，相对说来，美国人的家世、门第、尊卑贵贱等观念很淡薄，甚至可以说是根本不存在的，更没有欧洲封建君主制贵族社会封官、赐爵、世袭和赋予特权、等级森严那一套。独立以后，美国人的政体设计选择了总统制，没有想到需要一个国王之类的至高无上的人物。有人认为，美国人崇拜的不是达官显贵，而是明星、名作家、教授、记者。这话不无道理，且能说明一定问题。可以说，在美国社会和民族中，占上风的观念是“平民精神，不尚等级”。这在实际上可以看成是早期贫苦移民所具独立奋斗精神的演化，同时和上述“勤奋工作，机会均等”信条又是密切联系的。

平民精神，也可以称之为平民意识，它和资产阶级民主制度与平民政治密切关联。《独立宣言》确认“天赋人权”、“人人生而平等”、“主权在民”，指出人们正是为了保障自己的各种权利才建立政府；一旦得不到这种保障，人们就有权去改变、废除它，并且建立新的政府。这些原则，看来美国人不论朝野、官民都甚通晓、重视，逐渐养成了“不尚等级”、权威观念淡薄的平民意识和精神。这是民族心理在国家政治生活中的表现。美国这个法治国家，资产阶级民主机制比较发达，运行比较健全；美利坚民族关于“在法律面前人人平等”的政治素养较高，资本主义意义上的“民有、民治、民享”（林肯语）和“自由、平等、博爱”精神，在实际生活中高于其“故乡”欧洲。美国资产阶级五花八门的选举，也在民族内部起着平衡和调节人们政治—社会关系的作用；而美国自独立以来政治相对安定，动乱较少（南北战争是推动历史进步所必需的），未始不和平民精神、不尚等级的民族性格有关。

在美国，因为注重法治，又有平民意识、不尚等级的观念，“仕”与平民之间就没有不可逾越的界限。一般公务员和平民老百姓的关系固然如此，总统及高级官员与平民的关系也没有两样。公民可以随时批评包括总统在内的政府官员。在公务员中，上、下级关系亦较自然。总统内阁中的高级幕僚在与总统政见相左时，宁可辞官，拂袖而去，很少委屈苟同。至于总统，按宪法规定要对公民负责，一旦有较大差错，就可能受到舆论谴责、国会弹劾，或被迫辞职；树立总统个人权威或把总统神化等等，在美国很难有它存在的政治土壤。总统一职，按宪法规定在四年任期届满后只能连任一次。美国独立后第一任总统、被人们誉为国父的华盛顿，首开先河，连任一次后即告隐退，倡导和发扬了平民精神。美国总统下台后，除按法律规定有一笔较高年薪外，其社会地位不会得到特殊照顾，也和普通公民一般生活。所有这些情况，我们认为都是民族心理中的主导因素之一——平民精神、不尚等级所起的社会作用。

今日美国，平民精神、不尚等级的观念，甚至逐渐及于宗教生活。相对于欧洲传统来说，美利坚民族宗教信仰比较淡薄，宗教仪式繁文缛节较少；当年为反对旧教压抑而来的新教徒移民，也不会容忍教会专权。20 世纪 60 年代以来，美国社会中出现一种宗教世俗化的倾向。一些教徒只要求具有“基督精神”，并认为自己可以和“上帝”“直接沟通”而无须经过牧师等媒介；有的教堂拆去圣坛，牧师被“削职为民”，与一般教徒无异。一些教堂还开始讲究经济效益，除星期日的礼拜祷告外，平时可对外出租，供举行音乐舞会之用。凡此都从宗教领域这个侧面表现了不尚等级的精神。

4. 标新立异，旷达不羁

标新立异，旷达不羁①，这样的气质、性格、行为表现方式和待人接物特点，许多民族皆有之，美国人在这方面可说是较为突出的一个。

关于标新立异。恩格斯说，美国人是一个“重视实践而轻视理论的民族”②。可能，杜威的实用主义哲学之流行于美国亦非偶然。有人这样认为，美利坚民族把英吉利民族的“求实”、德意志民族的“认真”集于一

① 费孝通：《美国与美国人》，三联书店 1985 年第 1 版。作者在这个文集的《初访美国》长文中，论及美国人早年在拓荒时代的乡村生活时，用了“粗放旷达”词句（第 18 页）。笔者在这里借用了“旷达”这个贴切的用词。

② 恩格斯：《致弗·凯利——威士涅威茨基夫人（1886 年 12 月 28 日）》，载《马克思恩格斯选集》第 4 卷，人民出版社 1972 年第 1 版，第 458 页。

身，同时又加上了自己的出奇制胜。事实确乎如此。美国人在应用科学、工业建设方面，多处领先，使欧洲人望尘莫及。好奇心莫过于美国人，他们在国内国际上都有追求“世界之最”的气魄。大的如航天技术，敢想敢做，不怕挫折与失败。在建筑方面，美国人可能想使自己的国家成为“摩天楼之都”；纽约有一百零几层的摩天楼，芝加哥就有一幢超过一百一十层的大厦；而纽约又还有意要赶超芝加哥的高度。芝市矗立着两座仿玉米形状建筑的几十层圆形大楼，远眺有如“摩天楼玉米”，造型奇特。标新立异，也意味着勇敢。不久前，有个十一岁的美国少年只身驾机飞翔成功。人所共知，在美国，一种工业品多年不变式样是少见的。美国人好搬迁，可能也是世界之最，据估计一年中有近四分之一的家庭由一处向另一处移动。

标新立异，无疑和移民们的进取、开拓传统有关。资本主义方式的竞争本身就需要标新立异；面对这种竞争，对新事物缺乏敏锐头脑，没有一点承担风险或冒险家的精神是不行的。在美利坚民族的标新立异中，光怪陆离现象有之，但属少数，大多数情况是和具有创造力和活力同一含义；用中国成语来说，即他们遇事都有一种不同凡响、独辟蹊径的可贵性格。

关于旷达不羁。从气质和性格来看，美利坚民族少有其故乡英吉利那种矜持、道貌岸然与绅士气，更多一点的是带有粗犷意味、不拘一格的“牛仔气”。“牛仔”与“西进运动”联系，是比喻性格特征的一个褒义词。美国人也不像东方某些民族，如我国汉族那样抑制感情，更多一点的是奔放。美利坚民族旷达不羁，比较坦荡，确如许多民族一样在待人接物方面不亢不卑，朴实无华，严肃与诙谐兼而有之。美国总统面对来自公民的辛辣刺耳的批评，往往一笑置之，或者可以看成是美利坚民族旷达性格的一种典型表现。

美利坚民族之镜

1. 自恃自负的美国人

美国是一个富强的国家。世人称它为“金元帝国”。美国人自诩——

这就是一种心理状态——为“自由之邦”、“民主堡垒”，现在是“美国世纪”。并力图为自己树立“新世纪领导者”的形象，使人们相信美国“负有世界责任”，需要保持强大“威慑”力量。自恃自负，既是美利坚民族近于倨傲的一种心理，又是它的一个沉重包袱。这种双重性是一个客观存在。

美利坚民族，有如其他许多民族一样，对世界文明做出了自己的贡献。在国际政治舞台上，美国又是一支重要的力量，起着举足轻重的作用。但这个作用要从两个方面来分析。

“自由之邦”，“对世界负有责任”，有的事情美国做对了，作了正确的选择，例如20世纪两次参加反对侵略的世界大战。过去一些教科书、评论文章，或谓美国参战完全是为了维护自己的利益，并借机“大发横财”，似乎一无是处。这种评论显然是片面的，对一个民族来说是不公允的。美国参战当然要衡量自己的利害，它在参战中固然做了军火生意，垄断资本家和军火商乘此捞了一把，但就美国参战立场来看，决不能否定它的主要方面——维护正义与自由。为此它需要排除“孤立主义”的阻挠。战争中，美利坚民族在人力、物力、财力上都付出过很大代价和牺牲，它对世界和平事业做出了重要贡献。美利坚民族之所以能这样做，又是和移民、独立战争、南北战争以及崇尚自由历史传统分不开的。

但是，以“自由之邦”、“负有世界责任”自诩的美国人，有些事情却搞糟了，作了非常错误和使自己陷于被动的抉择，造成了世界的不安定，于人于己都是灾难性和悲剧性的。这不能不说是美利坚民族心理上的一个阴影和消极面。

远的不论，仅以第二次世界大战后的情况来看，美国人由于本国的好恶，对外表现了民族沙文主义和霸权主义，例如对中、朝、柬、越一连串的军事干涉与侵略。人所共知，这些国家的存在对美国并不构成任何威胁。又如，视中南美为其“后院”，把美洲看成是美国人的美洲；以及频繁干涉别国内政、以“人权卫士”自居等等霸权行径，都大大损害了美利坚民族的自由形象。世人曾把这样一个美国比喻为“世界宪兵”，不是没有根据的。所幸素有热爱自由传统的普通美国人、国会议员与政府公务员中的有识之士，对此均有认识，并曾力加抵制，也产生了一定的效果。在历史教训面前，“负有世界责任”的错误做法至今已有所收敛，这对净化民族心理无疑会起到清醒剂的作用。

2. **自我困惑的美国人**

美国社会是一个极端矛盾的社会。它很富有，又很“贫困”。美利坚民族以物质上的丰富享受自豪，然而美国社会却存在着一种富裕中的“贫困”、充实中的空虚。在这里，让我们来稍稍接触一下美国国民心理状态、民族精神面貌的另一个侧面。

富裕中的“贫困”，充实中的空虚，这种现象存在于美国社会的许多角落。老的一代，对社会有过贡献的人，只能靠有限退休金生活，晚景孤寂，度日艰难。在这个社会，有三百万人在贫困线内生活，而终年流落街头无家可归的人，要用六位数字来计算。又如青年一代，朝气蓬勃有作为当然还是主要的，但有不少人为求自立而过早辍学，经商赚钱。在青少年中有13%、在成年人中有320万是文盲。兜售毒品犯公开在大学校园里活动，青少年及士兵吸毒已成一个严重社会问题。一些青年可能由于精神空虚，玩世不恭，或以留花瓣式长发、戴重耳环，或以身着故意撕成几片的衣服为美。又如社会治安，犯罪现象有增无已，美国人为自卫购置枪支，已泛滥成灾，据估计私人持有枪支者比拥有汽车的数量高，其中妇女持有枪支者1200万人。问题是私人枪支真正在自卫中起作用者少，实际上用于凶杀、报复、抢劫作案者多。社会学家还注意到，现在一些美国人有“白头偕老不一定是美德”的心理，家庭离婚率高达50%。同居而不结婚颇为时兴。文学家独身居住于豪华别墅，夜间却经常感到屋里闹“鬼”！……

如此等等，究竟是怎样造成的，说明了什么？普通的美国人困惑不解，敏感的知识分子大为感叹，言谈之间忧心忡忡，深深流露出一种失落感。或许我们可以称它为“世纪末”症。这不能不说是美利坚民族心理上的又一个阴影和消极面。

第二次世界大战以来，美国在经济上并未发生过真正的危机，基本上只是一个有无增长及增长幅度大小的问题，但美国人的精神世界却不无危机感。美国将向何处去？美利坚民族将向何处去？它如何从富裕中的“贫困”、充实中的空虚这个迷惘的胡同中走出来，自我解惑？这除了涉及社会制度的固有弊端，政治、经济、文化等复杂的社会因素外，民族心理素质和国民性的醇化与改造，可能占有重要的位置。而探讨美利竖民族心理和美国社会今后将如何发展，对我们比较研究资本主义和社会主义两种制度也很有裨益。也许，今后的世界将是一个东西方文化沟通渗透，相互各取所长，共同步向21世纪这个定将成为人类社会发展繁荣重要里程碑的新时代。

与刘克甫书谈民族共同心理素质问题[1]

〔一〕

刘克甫致作者

（1986年11月15日）

……

实在对不起，收到来信后，因外出做田野调查，未能及时回信，请原谅！

先生所提出的有关民族共同心理素质的问题，的确有进一步推敲的必要。下面我想谈谈本人对这个问题的看法。

民族共同心理素质（或译为“民族共同心理状态”），本来是斯大林所提出的概念。可惜的是这个概念在他的著作中并没有得到明确的论述和分析。斯大林提到“表现在共同文化上的共同心理状态”，但一个民族的共同文化并不只是共同心理状态的反映，文化特点也有由地理环境、社会生产的历史阶段等因素所决定的。先生认为所谓“民族性格”是共同心理状态的一个组成部分。可是民族性格这个概念的内涵同样尚未得到应有的阐述。如果把民族性格解释为德国人的仔细认真、英国人的求实精神、俄国人的沉着热情、中国人的勤劳勇敢或坚韧不拔等等，则此种“民族性格”根本不能作为构成一个民族的客观存在的特征之一。因为首先，正如

① 刘克甫先生与本书作者讨论这个问题的由来，请参阅本文后面的［附记］。

先生在1983年的文章中所说的："民族性格的某一种特点绝不是唯某一民族所独有。"其次，对"民族性格"的评价总是以评论者的民族立场为出发点。如从俄国人的角度来看，意大利人的咋咋呼呼就是他们民族性格的特点，而希腊人对意大利人的评价则大不一样了，希腊人或认为意大利人过于沉默寡言。不管怎样，在目前的情况下，民族性格还是很难捉摸的东西。

至于民族自觉意识，则不然。用费孝通先生的话来说，它是"同一民族的人感觉到大家是属于一个人们共同体的自己人的这种心理"，这是很具体而清楚的。并且民族自觉意识的外部表现也是显而易见的，这就是民族的自称。实际上我们至今对民族自称还没有展开系统的研究。因此往往自称与他称分不清楚。比如说哈尼族是一个民族，彝族也是一个民族，其实众所周知，"彝"并不是自称，而确实反映同一民族的人感到大家是属于一个人们共同体的自己人的这种心理的所谓"彝族"的自称，则多至数十种。从而出现了费先生所提出的问题："为什么一些民族如哈尼族，各方面都很接近彝族，但却是和彝族分开成了两个民族？为什么很多划在彝族支系的撒尼、阿细不是一个单一民族，而哈尼是一个民族？"回答只能是一个：在云南省进行民族识别的工作时，民族学中还没有建立有关民族自觉意识在民族特征中居于首位的这一条理论。不仅仅中国如此，苏联也不例外。如西伯利亚的民族识别工作是20年代末、30年代初进行的，而那个时候正好在1929年民族会议后提倡民族工作者要搞社会经济状态，可不要搞什么民族理论，所以当时民族识别的理论基础很薄弱，结果把几个不同的民族划成一个民族的例子不一而足。在二十七大以后苏联社会科学中出现了一种新的局面时，才敢提出这个问题去认真地加以调查研究。中国学术界思想开放，更不应当对这种情况视而不见吧！归根到底，杨堃先生认为斯大林所说的心理素质是一个很难捉摸的概念，不如用民族意识以代之，是很对的。

上面啰啰嗦嗦讲了很多，似未说出其所以然。以后再继续讨论吧！

作者致刘克甫

（1987 年 1 月 11 日）

……

拜读您关于论民族共同心理素质的信，从中受到不少启发。两个社会主义国家的同行，对一些学术问题交换意见，又倍觉亲切。

在论及民族共同心理素质问题时，费孝通教授曾经说过："必须承认我们对这个特征的理解还不够深刻和全面。"（《关于民族识别问题》）您在信中首先指出，民族共同心理素质问题"有进一步推敲的必要"。我完全同意。在《论民族共同心理素质》一文的开头，我曾说，这个课题在民族理论研究领域中，"还是一块尚待开垦的处女地"。既然是"开荒"，那么在耕耘中就不仅会只有收获，也会有这样那样的"杂草"——亦即在理论探索中难免没有不够成熟、不很恰当的地方。这就需要对此有兴趣的研究者相互讨论，交换心得，使理论研究逐渐由粗到细，由浅入深。我的几篇关于论民族共同心理素质的稿子，只是一个尝试，属于开垦这块园地中的一锄一耙，最多也只能说是一些粗具形体的"毛坯"。在写作过程中，直到成篇和发表后的现在，我深深感到有的论述还不够清楚，有的还不很透彻，自己也不满意。举例说，您在《苏联民族学》1984 年第六期上发表的《中国学者论民族理论问题》一文中，在充分肯定我的一个基本论点（"共同心理素质是民族诸特征中最活跃、最有生命力的持久因素"）的同时，又友好地指出我"还没有足够清楚地"把民族自我意识和民族性格这两者"加以对照说明"，我因此受到教益。现在又得知您对民族共同心理素质这个课题甚感兴趣，刻意探索，更令我感到很大的鼓舞。文字之交是超国界、超民族的；学术友谊是珍贵的、常青的！

民族共同心理素质这个概念，在我国也称为"共同心理状态"、"民族性格"。这三者联系紧密，含义相同或相近，但是又有一定的区别，不能画等号。我曾在《论民族共同心理素质》一文第一部分开头写过一段话

（第三自然段），试图阐明上述三种说法在实际使用时的各有侧重、恰到好处。在我国，多年来一般都沿用斯大林关于“共同心理素质”的提法。但是，这个提法确实不够通俗。按汉语文词汇和过去习惯用法，我意使用“民族性”、“国民性”、“民族性格”、“民族心理”这样一些提法较好。其中，“民族性”这个提法在我国是很普遍的、常用的。鲁迅曾著文论改造“国民性”，“国民性”实即指“民族性”。我认为用“民族性”这个词较好，“民族性格”也不错。或许，我们可以通过讨论，来为“共同心理素质”这个概念“正名”一下，采用一个多数人公认的较好的范畴。近年来，我国有的学者把“心理素质”译为“心理气质”，认为原先译为“素质”不够准确。日本学者田中克彦则认为，“素质”含义基本上与“气质”相同。阁下精通汉文，不知对此有何看法？按俄文原意中译，“素质”与“气质”究竟何者较为确切？

正如您所说，斯大林提出了民族“共同心理素质”、“共同心理状态”的概念，但未明确加以论述、分析。我有同感。不过，另一方面，斯大林在民族定义中提出“共同心理素质”这个基本特征，我却一向看成是他的独到见解，是对民族理论的一个贡献。日本京都大学人文科学研究所名誉教授井上清70年代曾著文认为，斯大林之所以提出“共同心理素质”这个要素，有其“实践上的理由”，就是“为了把本民族的大多数人团结在无产阶级周围；为了解决民族问题，就有必要充分考虑到该民族的民族性”（日本《历史科学大系》第十五卷“民族问题”篇）。这个看法，颇有启发意义和参考价值，实际上含有这是斯大林在理论上一个贡献的意思。

尽管“共同心理素质”的提法不太通俗，含义比较抽象，不太好捉摸，但也不是玄虚之谈，仍然可以用言语表达出来。我在探讨“共同心理素质”问题的三篇文章中，力图以马克思主义理论与方法为指导，对这个问题的基本理论作了初步论述，对我国汉、回两个民族的共同心理素质作了尝试性的分析；我在写作过程中，觉得“心理素质”这个东西既有点抽象，若明若暗，又是“似曾相识”，“无往不在”。例如，在《试论回回民族共同心理素质》一文中，论述到旧中国回回民族心理素质的一个重要表现：“在逆境中求生存”。我认为这个说法是完全符合客观实际的，能够反映事物现象之本质的。“在逆境中求生存”，是一种“心理素质”、“心理状态”，也可说是民族性格；更准确地说，是新中国建立前，回回民族在当时具体环境中心理特征的外在表现，是对回族顽强斗志的理论概括。“共同心理素质”这个提法虽然不太通俗，不够理想，但像旧中国回回民族“在逆境中求生存”这种民族自立、自强感，用“心理素质”、“心理状态”、“民族性格”来表述，还是较为确当的；如果单用“民族意识”这一概念，那就不能清楚地说明问题。

写到这里，我想同您讨论一下“共同心理素质”和“民族意识”、“民族自觉意识”两个概念的联系与区别的问题。我认为，二者内涵与外延不一样，“民族意识”是“共同心理素质”的组成部分、一个重要表现方面，含义比“共同心理素质”窄，即“共同心理素质”可包括“民族意识”，“民族意识”却不能替代“共同心理素质”。费孝通教授所说“同一民族的人感觉到大家是属于一个人们共同体的自己人的这种心理”一语中的“这种心理”，据我的理解，就是指“民族意识”。这不一定符合费教授的本意。但从费教授接着在下文所举中国的满族、仡佬族、畲族都坚持自己的族称、族属的例子来看，我的理解可以说不会是一种曲解。我认为，“这种心理”既可名之曰“民族自觉意识”或“属性觉悟”，也不妨称之为“民族自识性”、“同族感”。您说，“归根到底，杨堃先生认为斯大林所说的心理素质是一个很难捉摸的概念，不如用民族意识以代之，是很对的。”在我看来，用“民族意识”替代“共同心理素质”这个含义更为广泛的范畴，却不免失于简单化。此为个人浅见，期望指教。1955 年，我国已故总理周恩来与杨堃教授交谈民族问题时，杨教授曾正确地肯定了斯大林所提“共同心理素质”这一特征的重要意义。

我在前面谈到，使用“民族性格”这个概念也不错。您认为，“民族性格还是很难捉摸的东西”。对此我有一点不同的看法。“性格”这个词，各个民族，男女老少都经常用。一个民族，也如一个人一样，具有自己独特的性格；一提“民族性格”，就可以说得比较具体，比较好理解，因而也不难捉摸。不同民族，有不同的性格表现，如英吉利民族与美利坚民族，虽然同文、同种（基本上），但是性格表现差异很大。英国人的“绅士气”、墨守成规，在年轻（我是指立国时间）的美国人身上是不多见的；而美国人的标新立异、“牛仔精神”、喜好迁居等等，在英国人身上却表现得不显著。其他如我国的蒙古族和汉族，维吾尔族和傣族，过去由于生存条件不同，也形成了鲜明的不同性格。草原上的蒙古族牧民，剽悍而豪放；中原的汉族，却多少有点纤细和“文质彬彬”；维吾尔族有爽朗明快的特点和较显著的幽默感，而傣族在待人接物、处世任事方面，则表现出从容不迫与和睦感。恩格斯关于爱尔兰人的那两段话（拙文《论民族共同心理素质》已全引），那就更是把一个民族的性格描绘得入骨三分，淋漓尽致了。所以，我认为，“民族性格”不是不可以捉摸的东西。此外，我参考贵国和我国学者与同行的论述，认为民族性格除一般所理解的意义（如外向、内向、刚强、平和等等）外，还应包括劳动习惯、行为方式的特点，以及待人接物、处世任事的方式等等，内容是多方面的。不知阁下以为然否？

您在信中谈到“我们至今对民族自称还没有展开系统的研究”，事实确是如此。你接着在下文写的一长段论述，也很精当，富有启发意义。近些年来，我国民族理论学术界就有学者提出把“族称”、“自我称谓”作为民族的一个构成要素。民族自称的重要性，是不言而喻的。不少民族都以有某一自称而感到自豪。您提到了中国的彝族。这个民族的自称，正如您所说，多至数十种。这在我国各兄弟民族中是罕见的。彝族每个支系各有不同的自称，如我是阿细、撒尼、阿哲等等；但在众多不同的自称之外，又还有一个共同的统称（聂苏、诺苏、纳苏——三者音近义同）。由此可见，彝族支系及自称虽然特多，但是“同属一个人们共同体的心理”又明白表现于共有一个统称之中。换言之，就是在以支系称谓自称的同时，又有我们是彝族这样一个整体观念。这是我国解放前的情况。新中国建立后，把自称名目繁多的彝族各支系统称为“彝”族，这是彝族人自愿选择和接受的。据我国研究彝族的学者指出，原来汉语所称的“彝族”、“彝家”，就是根据彝族自称的“聂苏”音译而来的。可以说，我国彝族的他称和自称，如今是一致起来了。

以上所说，是我对您的论述的一小点补充，旨在说明，某个民族虽然支系繁多，各支系的成员，又不免强调和喜爱本支系的自我称谓，但同时也有都是一个“大”族的感觉。打一个不太恰当的比喻，譬如在我国汉人中，张三说“我是广东人”，李四说“我是山西人”，王五说“我是四川人”……在这样说的时候，共同前提都是一个汉民族。彝族在过去有一个共同的统称，新中国建立后自愿统一称为彝族，毫无疑问，这都是共同心理素质的一个重要表现方面——亦即公认的民族意识或民族自觉意识、民族属性觉悟。您在信中，对费孝通教授所提的问题谈了自己的看法（“民族自觉意识在民族特征中居于首位”），确是出乎研究心得的中肯之言。

末了，还想简略谈一下民族定义问题。1986 年 4 月，我国《民族研究》杂志编辑部召开了一次民族理论专题学术讨论会，就斯大林所作民族定义广泛、深入地交换了意见。讨论会综合报道及与会者发言，已分别在该刊同年四、五、六各期刊出，想必您已看到了。我不了解最近十来年贵国学术界对斯大林所作民族定义的看法，希望您告知一、二。尤其盼望知道阁下个人对此问题的观点和精辟见解。

〔二〕

刘克甫致作者

（1988 年 3 月 12 日）

好不容易，我才有了足够的时间，可以安静地坐下来，好好地就我们在通信中所提出的问题，充分地思考一下。去年确实忙得要命，年初年底去了两次越南，收获相当可观，回国后要整理调查材料，所以把平时要做的很多工作都放下了。其中最使我着急的，是未能及时给先生写回信。贺国安同志回国后返苏时带来大著《民族特征论集》一书，当我看到其中“作者与克留科夫关于民族共同心理素质问题的通信”时，感到十分荣幸，同时又深感歉意，因为没有来得及同先生进一步讨论这些问题。这次我想对贵函中有些说法提出自己初步的意见，以请教于先生。

第一，关于“共同心理素质”是否需要正名的问题。因个人汉语水平极有限，不敢说“素质”与“气质”究竟哪种说法更为确切。更重要的是，以我看来，“共同心理素质”（或“气质”）本来就不够清楚，似乎包括着几种相互之间没有直接关系的东西。先生认为民族性格与民族自我意识都是“共同心理素质”的组成部分，但我觉得二者实质上有原则性的区别。按一般的理解，前者为一个民族的成员无意识地表现本民族所特有的对客观事物的与众不同的反映（包括其思维特点及行为特点）。而后者则为一个民族的成员有意识地显示出本民族的自识性，即“同一民族的人感到大家是属于一个人们共同体的自己人的这种心理”。其实，二者均与斯大林所说的“表现于共同民族文化特点上的共同心理素质”不同。既然如此，有没有必要把根本不相干的民族性格与民族自识性（或民族自我意识）非得要放在一起，非得要将二者说成为第三者之“组成部分”？以我看来，并无此必要。

第二，关于“共同心理素质”一说是否为斯大林的独创见解的问题。对此，我则不以为然。斯大林并不是头一个把这一点作为民族特征的人。早在他以前，俄国有些作者已有所论及。如19世纪70、80年代民粹派理论家П. Л·劳罗夫认为“民族是具有同样语言、心理素质、习俗、历史传说和文化的共同体”（见劳氏选集，莫斯科1934年俄文版，第1卷，第288页）。而斯大林的“共同心理素质”这一条的直接来源则为鲍威尔的著作。斯大林虽然对鲍氏的民族文化的自治纲领加以批判，却借用了他关于“民族灵魂”的看法。

第三，关于民族性格是否难捉摸的问题。对这个问题，我仍有所保留。马恩论文中确有谈到民族性格之处。我们从感性认识出发，有时也可以认为蒙古族剽悍豪放而汉族则文质彬彬等等。不过实际上这往往不是绝对的。如果说，回族的民族心理素质的一个重要表现是“在逆境中求生存”，难道这种民族性格是回族所独有的吗？能不能明确地指出，世界上哪些民族绝对没有具备“在逆境中求生存”的特点？无论如何，这些说法总是比较抽象的。又如，我上次引证费孝通先生有关为什么哈尼族是一个民族、彝族也算是一个民族的疑问，能否以民族性格作为识别这两个民族的依据？我觉得，所谓“民族性格”可以作为一个理论性的概念提出来，但对具体的民族识别工作它是无济于事的。顺便提一下，列宁对“民族性格”也曾抱有怀疑的态度。有一次共产国际开会时，意大利代表说：“我们了解意大利民族的心理。”而列宁插嘴说：“至于俄罗斯民族的心理状态，我可不敢说我是了解的。”

第四，关于“民族自我意识”与“民族自称”的问题。先生虽认为“民族自称的重要性是不言而喻的”，但是在《民族定义辨》一文中又说民族自称作为民族自我意识的表现形式值得商榷。我的看法与先生的主张有所不同。正因为民族自称是民族形成过程中最后出现的，它才是民族特征中最重要的一个。至于“民族自称变了，民族依然存在”这一点，真有如此实例吗？苏联民族学界近年来的研究成果所得出的结论认为，民族自我意识是反映所有一切客观存在的民族特征而产生的，因而它在其他特征中居于首位云云，我想这个结论是正确的。这一方面我对先生所提到的“彝族”自称的问题有不同意见。“彝族”每个支系各有不同的自称，反而没有共同的统称。据我所了解，聂苏（诺苏、纳苏等）只不过是一个或几个支系的自称而不是“彝族”所有支系的共同的自称。如宜良的撒尼、弥勒的阿细、大理的拉罗巴等岂亦自称聂苏？各支系虽有“彝族”这种共同的统称，但是它是“他称”而不是“自称”，它并不能反映同属于一个人们共同体的心理。当然，撒尼、阿细、诺苏、拉罗巴等用汉语交谈时，用“彝族”这个族称，而在他们本民族的语言中这样的统称还是不存在的。至于解放后“彝族”各支系是否自愿选择了“彝族”这一共同统称，也很难说。在民族识别的过程中可能是征求了一些民族干部的意见，但这并不等于说“彝族”这一个族称是全体彝族人民一致选择的。以上这些论点，只不过是我个人的一些想法，不客气地提出来，向先生请教。

说到汉人中，张三说“我是广东人”，李四说“我是山西人”等，这种比喻恐怕的确不太恰当。原因是“广东”、“山西”是地名而“阿细”、“诺苏”则不是地名，是纯粹的族体名称，二者似乎不可相提并论。

第五，关于苏联学术界对斯大林所作民族定义的评价问题[①]。先生在《民族研究》1986 年第 4 期第 17 页写到“过去苏联国内对斯大林的政治活

① 作者附注：刘克甫先生对斯大林所作民族定义的评论。他自己对民族定义的见解和构想，曾发表于中国民族研究刊物的先后有两篇文章。一见于中国民族理论学会主办的内部刊物《民族理论研究通讯》1985 年第 4 期：《中国学者论民族理论问题》（贺国安译）；一见于《民族研究》1987 年第 4 期：《刘克甫谈汉民族研究与民族理论问题》（贺国安译）。这两篇文章都有一部分文字涉及上述内容。

动有不少评论和抨击，但对斯大林关于民族所作的定义，仍然基本上持肯定态度。”这种意见我也是不能同意的。斯大林从根本上违背了列宁遗嘱的精神，把我国共产主义建设引入了斜径，大量迫害了忠实于革命的优秀战士。对我们的共同事业造成了罄竹难书的损失。今天把历史真相一言不讳地恢复起来，岂可称之为“对斯大林的政治活动的抨击”？苏联学术界“对斯大林所作的民族定义，基本上持肯定态度”一说，也是缺乏实际根据的。只看到查麦梁说什么而不注意到苏联民族学家没有一个仍用斯大林的定义，这未免有些不太全面吧！斯大林所作的民族定义确有严重的缺陷，其科学价值极有限，先生说近年来个别学者所提出的新的民族定义的内容和斯大林所提的大同小异，事实亦不尽然。斯大林将考茨基的共同语言、共同地域和共同经济生活与鲍威尔的共同心理素质拼凑在一起，不加区别地把这四点作为民族的四个特征，进而宣称其中“缺一不可”，这条“理论”在今天来说无论在苏联或中国都没有人接受。这怎么能说是大同小异呢？斯大林把这四个特征摆在一个平面上，根本不懂得其中有主次、因果之分，而苏联学者分析民族特征的层次构造，中国有些民族学家（如何叔涛等）说中国民族理论界在实际上也注意到了这一个问题的重要性，这就远远超出斯大林所作民族定义的框框。中国学者在其他方面思想解放了，而在民族定义方面仍然抱着斯大林那一套陈旧的东西，甚至声称这是最科学而又完整的民族定义，这老实说使我有一点莫名其妙。不管怎样，现在的趋势是我们两国学者开始交换有关民族理论的意见了，这将要促进我们在这方面的研究。希望我们继续讨论这些问题，并请对我以上所发表的不成熟的看法加以指正！

……

作者致刘克甫

（1988年9月6日）

阁下赴日以前，3月12日写的学术长信，以及承赠精美邮票，早就收到……我的这封复信，拖了将近半年，应该深表歉意。

对一些民族理论问题，彼此持有不同见解，是很正常的事。阁下3月来函中，着重谈了民族定义、民族自觉意识与共同心理素质、中国回族的性格以及彝族的他称和自称等等，除有关彝族的问题我基本同意阁下一些提法外，其他三个问题仍有不同看法。

第一，关于“民族”定义。斯大林长期当政，武断专横，镇压异己，在民族政策方面也有过较大错误和失误，在社会主义国家之间关系上表现出大民族主义，因此受到了理所当然的谴责和批判。最近见报，戈尔巴乔夫对斯大林的评价分为四个阶段来谈，看来还是比较客观，符合实际的。政治上论功过，不是我们讨论的主题。仅就十月革命前他所下民族定义来说，我认为可以适用一个不以人废言的原则。这个定义，并非斯大林个人的独创和“发明”。在很大程度上，它是对前人成就的一个科学的归纳和总结。某个特征用了别人使用过的提法，这也并不奇怪。在马列著作中，借用、沿用他人（包括资产阶级学者）所提概念、论点等等，是很平常的事。当然，其中有一些，马列赋予了新的意义和内容；对此，过去中苏学者喜欢称之为“革命的变革”。尽管四个特征以前都有人提过，但斯大林作出一个定义，仍是一个重要贡献。对定义的学术评价，我一向的提法是比较科学、完整，而且加上一个“迄今为止”。有的人认为是“最”科学的，那是他的自由。列宁对《马克思主义和民族问题》一书评价很高，我想这当然不是出于政治上的需要或者理论上的疏忽，更不是出于对斯大林个人的厚爱。中国学术界对定义尽管看法分歧，但事实上仍在“约定俗成”意义上继续使用，如新近出版的《中国大百科全书·民族卷》，及上海辞书出版社出版的《民族词典》都是这样。我认为有条件、有分析地使用没错。我也说过那个定义绝非尽善尽美，不反对修改补充，但另一方面我们也得承认，迄今为止，在这个方面尚无理论上的突破。只有阁下提出“形成条件”、“客观特征”、“根本要素”各有层次、不是处于同一序列的新说，还有年轻民族理论工作者何叔涛君的个别观点，确属一种新颖见解，值得研究，虽然我和同行对此仍持不同看法。去年10月，我去武汉给研究生讲课，郑重其事地客观地介绍了阁下的观点，同时也提到何君的文章①，以打开研究生们的思路。

第二，关于民族（自我）意识与共同心理素质含义、异同等问题，去年信中已经谈得很多，这里只作一点补充。

人们经常提到的费孝通教授的那句话（即“同一民族的人感觉到大家是属于一个人们共同体的自己人的这种心理”），我认为仅指“民族意识”，并不包含更多的意思。去年5月，费先生在中央民族学院演讲，作考察甘肃省临夏回族地区观感的报告，多次使用“共同心理素质”一词，说到对商品经济政策反应快是回族“共同心理素质”的一个特点，又说“我看心理素质是从长期经济生活中长出来的东西”。此外，费著《美国和美国人》一书，其中一个部分就用了“美国人的民族性格”的标题。由此可见，费先生在不同场合有区别地使用着“民族意识”、“共同心理素质”、“民族性格”三个概念。

来信说到列宁对“民族性格”曾抱怀疑态度，根据是那句插话。在我看来，列宁插话原意有嘲讽那个意大利代表的成分——你对意大利民族心理未必那么了解，像他（列宁）自己就不敢说能够了解俄罗斯民族的心理状态，这里面并没有“对民族性格抱怀疑态度”的意思。

值得提出的是，关于列宁在共产国际开会时插话的历史情况、列宁插话的原意、列宁对民族性格这一现象不是持怀疑态度而是肯定它的存在，勃罗姆列伊在《民族与民族学》一书第四章中，有一段论述说得再也清楚不过了。他这样写道：

> “的确，在列宁的著作中可以找到的关于民族性格（以及心理气质）的论述是比较少的。但这是否意味着，他一般是否定它们的现实性呢？为了断定列宁对这个问题持否定态度的论点，人们有时援引他在共产国际第三次代表大会所作的‘意大利问题的发言’。他在发言中对意大利社会主义者拉查里的话：‘我们懂得意大利民族的心理’给予了回答，他说：关于俄罗斯民族……我

① 指刊于《云南民族学院学报》1987年第8期上何叔涛的《斯大林民族定义评析及对现代民族特征的探讨》一文。

个人还不敢下这样的断言。十分明显的是，列宁在这里只不过反对武断地肯定了解整个民族的心理罢了。但是，大家知道，推说不了解某种现象和不承认它存在的事实本身，绝不是一码事，所以，偷换这两个概念是不对的。而且在列宁的著作中直率地指出，他认为民族性格是现实的。《乌克兰》一文中就有这样的证据。列宁在这篇文章中说，俄罗斯人和乌克兰人是两个不仅是语言、居住地、历史方面，而且在'性格'方面都相近的民族。"①

来信说"民族性格"与"民族自我意识"有区别（这是正确的），区别就在民族性格"为一个民族的成员无意识地（这四个字，阁下用了重点号）表现本民族所特有的对客观事物的与众不同的反映……"。我不同意"无意识地"这个提法。不受某种思想意识支配的民族性格的表现，我认为是根本不存在的。比如，就一个人的勇敢或怯懦的性格表现来说，怎么可能脱离思想意识的支配呢？扩大来看，民族性格亦不例外。

"民族性格"的涵义，可以理解为某个民族的一种比较稳定的行为表现方式。至于什么叫"共同心理素质"，我已在《论民族共同心理素质》一文中作了探讨，提出了一个较详细的概念。关于"民族意识"问题，我感到言有未尽，最近写了一则短文②，现附上，请指教。这篇短文说到"民族意识"的涵义有如下两点：第一，它是人们对自己归属于某一民族共同体的意识；第二，在不同民族交往的关系中，人们对本民族的生存、发展、权利、荣辱、得失、安危、利害等等的认识、关切和维护。这样，我自认为对上述三个范畴试图作了一个到目前为止比较满意的探索。当然，以后还可能会有新的认识和补充。在写此信时，我又重读了阁下《中国学者论民族理论问题》一文中的部分段落，其中认为我所说的"共同心

① 勃罗姆列伊这一段论述，在作者复信中原来是没有的。现在加此一段，是为了更好地说明问题。引文见李振锡、刘宇端合译《民族与民族学》，内蒙古人民出版社 1985 年版，第 99 页。

② 一则短文，是指 1988 年 8 月提交全国第四届民族理论学术会议论文《民族理论札记》第一个小题目"民族意识"，其中探讨了民族意识的两点涵义。在作者复信中，原来未将这两点涵义列出，因已将全文寄给刘克甫先生而从略。现在加进来，主要是为了向读者作个交代。

理素质”亦即“民族自我意识”。这一点，和我的原意多少有点出入。

顺便提一句，这些年来，在我国民族理论界，对“共同心理素质”一词的使用已很习惯、普遍了。按我个人对这一范畴的理解，最近已写成《试论美利坚民族共同心理素质》一文，等发表后当寄奉一份请教①，可能彼此又会有一些不同的看法。

在民族特征或构成条件中，阁下和苏联一些民族学家突出一个“自我意识”要素；在“自我意识”中，又强调一个“自我称谓”问题。若照此说，那么“民族”这一社会现象还剩下一些什么东西呢?②

第三，关于中国回族具有“在逆境中求生存”的心理、性格特点，阁下提出了质疑，认为这也并非回族“所独具”。这个问题需要说明几句。

诚然，很多民族都有在逆境中求生存的性格，特别是在受到外族侵略与压迫的时候。我也在《论民族共同心理素质》那篇文章中谈到，某种性格特征，不一定为某一民族所独具，其他民族就没有。记得阁下在1986年11月15日来信中提到过并且肯定过这一点。那么，我为什么要在探讨某个民族的共同心理素质时，特别提出某种性格（行为表现方式）特点在该民族生存、发展中的作用呢?问题的全部出发点，就是在该民族的性格特征中“以此著称”、“以此见长”、“以此取胜”。世界上任何事物总是比较、相对而言的。马克思说：“古往今来每个民族都在某些方面优越于其他民族。”俄罗斯民族、汉民族，都有它们有别于其他民族的特长性格。(顺便提一句，我有“雄心”写论俄罗斯民族共同心理素质的文章，但无勇气动笔，难度太大了。）我们只要回顾一下中国回族的历史，就能看出“在逆境中求生存”对这个民族是多么重要、可贵，存亡攸关啊!

问题的讨论，暂时到此为止。关于彝族的一些问题，阁下研究、造诣很深。有些看法，容我思考一下，以后有机会再谈。

……

① 此文已发表于《思想战线》1988年第6期——编者注。

② 这一段话，在复信时原来也是没有的。现在补述这一层意思，是为了和刘克甫先生进一步讨论，并就教于我国民族理论界同行。

［附记］《民族研究》1989 年第 4 期发表了民族学博士贺国安《刘克甫谈共同心理素质与民族自我意识问题》一文。这是一篇访问记。在对话中，刘克甫先生除纵论民族定义、共同心理素质外，在访问开始时谈到了与本书作者通信讨论共同心理素质问题一事。现摘录有关对话如下，以便读者了解通信的由来。通信经过两三次，所以刘克甫先生说“还没有讨论完”。

按：这篇访问记是继《刘克甫谈汉民族研究与民族理论问题》（见《民族研究》1987 年第 4 期）之后的又一篇民族理论专题采访。刘克甫，苏联著名汉学家、民族学家、历史学博士、教授，现任苏联科学院民族学研究所亚洲大洋洲研究室主任，苏联东方学研究会副主席。

问：刘克甫博士，您的《谈汉民族研究与民族理论问题》在我国发表后，引起了学术界的广泛兴趣。据我所知，这篇访问记印发给了去年召开的汉民族研究学术讨论会的代表们，两家报纸对它的主要内容作了介绍。这证实了上次您讲的：“我们两国民族学者之间有着共同的语言，我们合作的领域是广阔的。”这次采访，不妨看做是上次讨论的继续。

答：非常高兴又有机会和您讨论民族学方面的问题。近些年来，中苏两国民族学者之间的交流确实有了很大进步。在中国《民族研究》上发表了苏联民族学家对民族理论的一些看法；苏联的刊物，比如《苏联民族学》，也每年都有介绍中国民族研究近况的文章。这确实是很好的现象。

问：上次您在分析民族定义时，介绍了苏联学者对共同心理素质和民族自我意识的看法。这些意见的确是值得注意的。不过，就问题的重要性而言，似有更详细探讨的必要。恰巧我在刚刚出版的熊锡元教授的《民族特征论集》中读到了您与熊先生就这个问题的通信。看来，两位教授在观点上还有着一定的距离……

答：原来我看到了熊先生关于民族特征，特别是关于共同心理素质的文章，觉得提出了一些新的看法，我很感兴趣，有些和我的想法是比较接近的，我就想与熊先生进一步讨论这些问题，以后便用通信的方式讨论了。当然，《论集》上登的只是讨论的一部分，还没有讨论完……

为《民族心理调查与研究：基诺族》一书所作序言

《民族心理调查与研究：基诺族》（韩忠太、傅金芝著，已由贵州教育出版社出版）一书脱稿后，两位作者向我索序。我欣然承诺，因为自己也确实有几点看法想说一说。

在我国，从20世纪初至40年代末，曾经陆续出现过几本研究民族心理、民族性的著作，以及为数不多的有关论文，还有一些涉及国民性改造的杂文。把民族心理作为一门独立学科来研究，是新中国成立以后的事，而且起步也较晚，开始于70年代末80年代初，至今不过初成气候。十一二年来，一些研究者陆续著文论述。我也写过几篇有关文章。一篇可说是引论或导论（《论民族共同心理素质》），还有几篇是探讨个别民族的心理素质特征的（汉族、回族、傣族、美利坚民族）。没想到，我这几篇文章引发了忠太极大的兴趣。他着手研究这个课题，并且成果喜人，曾先后发表了几篇有关民族心理学的理论文章。现在又和傅金芝女士合作，完成了《民族心理调查与研究：基诺族》这部书稿。我看后，觉得内容富有新意，感到由衷的高兴和欣慰。

70年代末至80年代初，忠太就读于云南大学历史系，那时我们交往还少。他走上工作岗位，特别是对民族心理研究的兴趣渐浓以后，常来我家；我们每见面长谈，两三个小时过去，兴犹未尽。忠太做学问，执著而踏实，一步一个脚印，有一种情同宗教虔诚的精神。1988年，他以基诺族心理调查为题，承杜玉亭、左梦林两位学者推荐，申请国家社会科学基金获得批准后，便精心安排，作了周密的思考和设计。忠太曾先后三次去基诺山进行田野调查，实地观察；加上傅金芝一次调查，四次累计历时半年。他们取得丰富、宝贵的第一手材料，然后着手整理、分析、研究，写成书稿及其他原始记录。作者以较长时间，深入一个民族地区调查，直接观察，解剖“麻雀”，写出材料和专著，继承了我国民族学前辈的优良传统，这是应该肯定和值得提倡的学风。

共同心理素质是民族的一个重要特征。这个范畴本身应该怎样表述才算确切，我国学术界迄今仍有少数研究者持不同看法。我认为，“共同心理素质”这个术语是恰当的，事实上国内多数学者亦早已习惯使用。本书略作“民族心理”，涵义与共同心理素质相同。近年来我国学术界有一种看法认为，简称“共同心理素质”是“弃文化于不顾”，应将“文化”二字加上，即表述为“共同文化心理素质”，这位研究者还把文学艺术、风俗习惯等等说成是共同心理素质的“基本内容”。这个看法是令人难以苟同的，因为它在实际上是把共同心理素质和文化等同起来，并将文学艺术、风俗习惯等等和共同心理素质看成一码事了。而我们知道，一个民族的共同心理素质，是通过语言、文学艺术、风俗习惯、社会风尚、宗教信仰等等表现出来的，不能说这些文化事象本身就是共同心理素质。这里所说的“通过”，称之为一种“折射”可能更为确当。譬如，在我国文学名著《水浒》、《三国演义》中，旧时汉族崇尚侠义的心理和性格特征得到了表现；伊斯兰教和穆罕默德《圣训》中“使全体穆斯林如一人”的教义，影响和形成了旧时回回民族性格和心理的一个重要特征——“和衷共济”；藏族献哈达是一种互致敬意、祝福乃至祈祷的心态；蒙古包不仅为蒙古族适应逐水草而居的游牧生活的家庭居室，又体现了这个民族的审美心理……凡此都只能称之为一种反映和折射，不可将上述文学作品、宗教教义、风俗习惯、建筑风格和心理素质直接等同起来。对此，我们可以举一反三，触类旁通。本书也提供了一个实例，说明基诺族心理诸特征的形成和表现是民族传统文化的一种反映与折射。

这里应当一提的是，斯大林在《马克思主义和民族问题》、《民族问题和列宁主义》两文“民族概念”中表述共同心理素质这个特征时，都曾明确指出它是“表现于民族文化特点上”的现象，并无“文化心理”之类的提法。所谓民族文化特点，就是指不同民族各自所特有的语言、文学艺术、建筑风格、风俗习惯、宗教信仰和一切社会风尚。可以说，在“心理素质”一词之前应否标明或再加“文化”二字，在斯大林的表述中实际上是已明白作了回答的问题。在我看来，既已指明“表现于民族文化特点上”这个前提，如果再在“心理素质”之前冠以“文化”一词，不仅是画蛇添足，而且容易造成概念上的混乱，理论上的误解，把“文化”与“心理”等同起来。

十多年来，我国学术界研究民族心理素质问题，一般都是遵循民族学及民族理论学科的研究方法，侧重从社会、经济、文化、生活方式以及地理环境影响等角度，揭示一个民族的心理特征与精神面貌。本书作者拓宽了视野，除学界通用的方法外，还广泛采用了心理学研究方法，从普通心理学、社会心理学、劳动心理学、教育心理学、儿童心理学等角度，把民族心理分为民族共同心理（这是基本的）、民族内部的群体心理（依性别、年龄、文化程度等区分）、民族内部的个体心理等三个层次，使用现代心理科学测试方法及计算机处理，取得可靠材料与数据，通过定量分析，对基诺族心理诸特征作了比较细致的分析研究。把民族学方法与心理学方法有机地结合起来，相互为用，相互补充，这是本书的一个特点，它开阔了民族心理研究的前景，使这一研究有可能日益接近全面、准确、可靠而更有说服力。本书作者曾将原稿带去基诺山征求意见，加以验证，取得认可，就是一个证明。

在我国和苏联民族学界，都曾有学者对民族共同心理素质的理论持怀疑观点，或曰它“不可捉摸”，或曰它是“一团迷雾”。本书作者对一个民族的心理进行实地调查，著述成书，言之成理，持之有故，又说明了一个问题，即民族共同心理素质是可以被人们认识、被人们掌握的；它完全可以成为一门科学，而民族心理“不可知论”则是毫无根据的。

在西方，以及80年代初期我国的民族学研究中，有的学者只重材料而鄙视理论，甚至认为对材料进行分析从而得出理论的概括与升华似乎是多余的。或许，我们可以把这种看法称之为理论上的虚无主义。我认为，这不是马克思主义民族学的研究方法。占有丰富而翔实的第一手材料，当然是一个首要条件和前提。但是，如果不对这些材料分析研究，由表及里，由现象深入本质，达到理论的概括与升华，从中找出规律性的东西，那么对民族学某一现象的研究还只能说是停留于感性阶段，不过完成了一半。《民族心理调查与研究：基诺族》一书，在占有材料与理论探索方面同时下了工夫；理论的概括与升华寓于对材料的分析之中，在本书每个章节以致段落行文之间处处可见，这也是本书的一个特点。以马克思主义理论为指导，同时取西方民族学研究之所长（包括理论与方法），从我们的国情与民族情况出发，走自己的路，这同样应该是我国民族心理学研究的正确途径。

研究民族心理特征，新中国建立以来有一段时间被看成“唯心论”，视为禁区。在我看来，这样的研究既非唯心，也不是一个纯学术或“经院式”的问题。明确这一点非常重要。科学技术是第一生产力，这个提法虽不适用于社会科学，但一切正确的社会科学理论却能对社会历史发展起到超前和先导作用，成为物质力量，因此不容忽视和轻视；重要的系统的社会科学理论，甚至可以引发一场深刻的社会变革，使历史车轮突飞猛进，对民族心理的科学研究，无疑也可供国家决策参考，有助于制定和执行民族政策，做好各项民族工作，发展社会主义民族关系，从而有利于逐步解决民族问题，所以绝不是在为学术而学术。现在，国内研究单个民族心理的较有价值的成本著作尚属罕见，本书可说是一个有益的尝试，开了一个好头。我们期望民族学界和本书作者有更多此类作品问世，借以促进民族心理学这一门新兴、年轻的学科的繁荣和发展。是为序。

1991 年 9 月于云南大学历史系

民族心理与民族意识理论问题补遗

——致一位青年同行

来函询及与民族心理、民族意识有关各点，综合起来，我想和你探讨两个问题：一是统一的民族性格有没有一个客观准则；二是在民族意识涵义中，能否讲民族利益的问题。

20世纪30年代，我国一位研究各国民族性的开拓者在他的书中写道："在一个大学内，叫十个英国学生和十个法国学生，混在一处，就不要他们说话，我们细心一看，可以知道谁是英国学生，谁是法国学生。何以故？因为英国学生好静，而法国学生好动。"① 这位研究者是要说明，不同的民族有不同的性格；从性格的好静和好动，就可区别出不同的民族来。这个看法，在一定程度上是有道理的。

世人认为，英国人素以幽默著称。大文豪萧伯纳将自己写的一本书赠送给一个友人，这个友人却把它卖给了旧书店。事有凑巧，萧伯纳在旧书店看见了这本书，于是就买了回来，第二次送给那个友人；在书的扉页上，他加了这样一行字："萧伯纳再赠"。一个"再赠"，使萧伯纳的幽默跃然纸上，令人忍俊不禁。

关于英吉利人的民族性格，第二次世界大战后西方还流传过这样一个说法：在打败德国法西斯侵略者的战争中，英国人的幽默所起的作用仅次于皇家空军。又有这样一段佳话：一次，丘吉尔在向罗斯福要求美国援英，谈判"卡壳"时，就曾以一语诙谐打开僵局，使面有难色的罗斯福在欢笑中欣然承诺。

---

① 张安世著：《各国民族性》，上海华通书局发行（民国十九年5月）。

幽默、好静、好动，都可能在一定程度上表现某些民族的性格，所谓民族性格，也就是一个民族的共同心理素质的外在表现；在学术界，除"民族性格"一词外，民族性、国民性一类范畴亦被广泛使用。这些说法不同，意义基本一样。我在上面引证有关著作和事例，无非说明，民族心理素质和民族性格乃是一个客观存在，对它抱"不承认主义"是不可能的；只有首先正视它的存在，才会去认识它，对它进行科学的研究。

新中国建立后，包括心理学在内的某些学科受到冷遇；对民族心理和民族性格的研究，实际上也被视为禁区，无人敢于问津。直到70年代末实行改革开放，民族理论学术界才开始在这个领域进行探索。十余年来，特别是近几年来，不仅禁区打破，所谓民族心理与性格是"一团迷雾"、"不可捉摸"之说亦被否定，报刊上有关民族心理与性格研究的文章逐渐增多，坊间还出现了民族心理学理论著作、民族心理调查与研究的专著，以及西方人士写的论中国人性格的书。再从地区范围来看，除北京等地外，内蒙古、新疆、宁夏、青海和西藏等边远民族地区民族理论工作者也发表了不少有关论述。总的说来，我国对民族心理和性格的研究，虽然起步较晚，时间不长，但收获可观，成绩是喜人的。

在新中国建立以前的半个世纪中，由于西学东渐，我国就有一些思想家、政治家、教育家、文学家和学者，对民族心理与性格问题进行了研究。年前我喜得中国人民大学出版社刊行的《中国民族性（一）》一书，这是一本资料性参考书，辑录了由启蒙学者梁启超到孙中山、蔡元培、陶行知、鲁迅等论述中国人民族心理与性格特点的文章，还有几个英、美、日学者的作品，共计近百篇。其中甚多真知灼见，中肯之论，至今仍可启发我们。但是，其中少数评论（多半是西方人士的某些看法），在问题提法上也有欠妥之处，值得商榷。例如，对中国人民族性特点的描述，或曰无毅力、无公德；或曰说谎、懦弱；或曰自私、贪婪、残虐，等等。显然，这样一些弱点和劣根性，都只能出于少数或一小部分中国人，而且在任何社会、民族和任何一个时代里都是可能存在的，很难说一整个民族或它的大多数成员都会是如此。这样说，不是在为我们民族性中的缺陷文过饰非；对在少数国人当中存在的这样一些弱点和劣根性，理所当然地也必须加以鞭笞。但是，如果说中国人（即中华民族）都是既无毅力，又缺公德，秉性懦弱、自私、贪婪而残虐，那它怎能创造和历经四五千年古代文明并且生存发展壮大至今？由此可见，上引那些欠妥乃至错误的提法，显然是视寡为众，以偏概全，把部分当做整体，因而是偏颇之见。不过，这种对民族性特点的片面提法，倒也向我们提出了这样一个问题——能够称得上是**整个**民族的心理与性格特征，是否有一个衡量或评定的客观准则和尺度？

在我看来，这种准则和尺度是存在的，它们表现在这样三个方面：稳定性；典型性；制约性。

（一）稳定性

我在《论民族共同心理素质》一文中对此已有较详细论述。所谓稳定性，就是指一个民族的共同心理素质和性格特征的形成必经过很长时间，在它的精神面貌上打下深深的烙印，从而不易改变，不会消失，即有某些变化也是非常缓慢的，不易察觉，或需要很长时间才告显露。因此，这种共同心理素质与性格特征存在的时间也很长，可以说是与民族自身共始终的。

（二）典型性

这是三条客观准则中最重要的一条。

所谓典型性，也可以称之为普遍性、代表性。我们研究任何一个民族的心理与性格特征，就应该**捕捉到在该民族成员中普遍存在、最有代表性亦即具有典型意义的东西，**为此就不能仅凭某个民族一时一事一地和少数成员的言行举止表现来判定该民族共同的心理与性格特征。这样的判定，只能是一堆偶然、零碎和片面的印象，根本不能如实地显示整个民族的精神面貌，甚且会起到歪曲乃至丑化的作用。

与上述片面方法相反，正确的方法应当是，从宏观入手，根据某一民族社会经济、历史传统、生活方式、地理环境的特点，经过对民族整体的全面观察和细致的研究分析，科学地概括出最能体现该民族内在气质的几个主要的共同特征。这些特征存在于该民族大多数成员之中，具有普遍性；而愈是普遍也就愈带典型性与代表性，既能在一方面如实地表现**全民族**的精神面貌，另一方面也能为其他民族所感觉、所认识，亦即得到客观的验证。

（三）制约性

一个民族的心理与性格特征，正因为它有典型性，也就必然会是稳定并且长期存在的；又正因为它有稳定性和典型性，也就必然会产生制约作用。所谓制约性，就是一个民族在心理与性格方面的主要特征对它生存发展的全过程都起主导和支配作用。每一个民族，都有自己的长处；在它的心理与性格特征中，也都包含着许多积极因素，或曰活力；它以此著称，以此见长，以此取胜，即对该民族生存发展各方面起着促进作用。至于心理与性格特征中的某些消极因素，也会或多或少地影响一个民族的发展进程。我们研究中华民族及各个单一民族的心理与性格特征，其重要意义之一就是要正视这些特征的制约性，充分发挥其诸多积极因素的制约作用，克服或改变不利于民族发展的消极因素，借以鼓舞人民，激发民族自豪感，为民族的发展与振兴而努力。

以上探讨了判定一个民族的共同心理与性格特征的三个客观准则。在这个问题上，还有两点需要明确。

（1）一个民族在一国之内居住于不同的地区，由于各个区域具体的经济、文化、生活和自然条件等存在一定的差异，除有全国全民族共同的心理与性格特征之外，各个地区与部分还会有一些特殊的表现。例如，我国汉民族居住于东北、华北、东南、南方沿海、西部及西南高原与西北的各个部分，其心理与性格都会呈现出或多或少的差别和特点。然而，这种区域性的差别只是支流，并不影响全国的共同性；在汉族心理与性格中处于主导地位的仍然是全国汉族成员所共有的那些特征，我们研究的对象也正是这一全国性的共同特征而不是属于支流的地区性差别。

（2）现在我国民族理论学术界研究民族心理，把一个民族中的心理状态分为全民族、群体（例如不同阶级、性别、年龄层以及不同职业等群体之分）与个体三个层次。这是正确的，也是很有意义的。我们需要明确的是，这种在同一民族之内的群体心理与个体心理，同样不能否定全民族心理与性格特征的共同性、整体性以及它的主导地位和支配作用。

我在探讨几个单一民族的心理与性格表现时，都按上述三个客观准则来思考，着眼于全民族的共同性，力求“画”谁像谁，捕捉到每个民族中普遍存在、具有代表性亦即典型意义并对该民族长期起制约作用的特征来论述。例如，旧时汉民族的坚韧不拔、小康思想、中庸之道、内向含蓄；回回民族民族意识强烈、内部团结与和衷共济；傣族的出世心态、温文尔雅、重和睦轻纷争；美利坚民族的富于进取与鄙视守成、标新立异与旷达不羁；等等。此外，如果要为英吉利民族心理与性格的共同特征勾画一下，我认为可以概括为保守（并非不革命，而是指它非常尊重传统）、务实、宽容、幽默这样四个方面。

以上是对民族共同心理素质理论问题的一点补充认识。下面来谈另一个话题：民族意识。

民族意识是民族共同心理素质的一个重要组成部分。新中国建立以后，这个问题在学术研究中同样没有它的位置，人们对它讳莫如深，噤若寒蝉。也许就是由于这个缘故，在新编《辞海》、第一部《中国大百科全书·民族卷》以及《民族词典》中也都没有诠释它的条目。对这个被认为是敏感的问题，我们只能从梁启超、孙中山等先辈那里求得教益和启发。早在20世纪初，孙中山就明确提出过“民族意识”这个概念。梁启超不仅回答了民族意识的涵义问题，还对它的构成要素作了精当的阐述。此外，过去我们也从苏联民族学学者的著述中找到了一点有关材料。不过，很多苏联学者是把民族意识和民族共同心理素质视为一个范畴。据我所接触到的材料，他们又多半是从民族称谓和自称角度来谈民族意识，在理论上没有什么联系其国内民族问题实际的论述，许多苏联民族学学者似乎压根儿就不承认民族理论这一学科①。

在我国，70年代末80年代初，随着改革开放，民族理论学术界拨乱反正，在民族意识问题上“坚冰”才被打破。1981年，同行彭英明教授发表《试论民族的稳定性》一文②。其中用了相当长的一段话论及民族意识问题。据我所接触到的材料，这大概是新中国建立后对此问题的第一个

① 苏联当局认为：社会主义时期民族问题不复存在，因而忽视对民族意识问题的理论研究，同时在国家生活和民族关系（主要是大俄罗斯民族和其他少数民族的关系）中又抹杀一些民族的正当权益，这未始不是导致苏联解体、“联盟”大厦倾塌的重要原因之一。

② 见《中南民族学院学报》1981年第1期。

“发言”。此后，到80年代中后期、90年代初至今，陆续有探讨民族意识问题的专文发表。令人瞩目的是，1990年12月中国民族理论学会在北京召开了“青年民族理论工作者专题研讨会”，探讨民族意识问题。与会者思想解放，畅所欲言，广泛涉及民族意识的内涵、实质、表现形式、社会功能，与民族主义的区别和联系，以及发展趋势等方方面面，可以说是真正在学术探索上打破了沉寂的局面，效果和影响很好①。

1988年冬，我写了一篇短文《“民族意识”初析》，次年发表于《中央民族学院学报》第3期。该文主要是探讨“民族意识”这个概念的内涵。对这个涵义问题，我在认识上有一个发展过程。正如此文题目所示，这是“初析”；在释义中写了两层意思，基调是定下来了，然而还有欠缺，不够完善，这主要表现在释义的第二条。在说到人们对本民族生存发展诸事的认识、关切和维护时，只写了“在与不同民族交往的关系中”这个条件，而忽略了另一个条件——国家生活。为什么这样说呢？因为任何一个民族都生活于一定的国度之中，它对自身生存发展诸事的认识、关切和维护，处处、事事、时时都和所在国家的政治、经济、文化状况特别是民族政策息息相关，莫不受国家生活的全面制约。因此，除了“在与不同民族交往的关系中”这个条件之外，必须加上“在国家生活中”一语。这样，前提条件才算完备，释义才算完整。此外，对第二条的文字表述还作了一点加工。补充修改后，“民族意识”涵义的完整表述如下文：

第一，它是人们对自己归属于某个民族共同体的认识。

第二，在国家生活中，在与不同民族交往的关系中，人们对本民族生存发展、兴衰荣辱、权利与得失、利害与安危等等的认识、关切和维护②。

如果说第一条是基本内容，第二条便是核心要素。二者不可缺一。没有第一条，民族意识即不成立；我们也不能抽去第二条，把民族意识局限于认同与分界的狭隘范围。作为核心要素，第二条内容适用于古今中外一切民族；证诸世界历史，这一条可以说是众多民族存在与活动的反映和总结，是各个民族的共性。有人认为，既然讲马克思主义民族观，似乎就不

① 参阅中国民族理论学会编《民族理论研究》1991年第1期。

② 释义第二条的修改补充，可阅《社会主义与民族意识》（1991年）、《民族意识与祖国意识》（1992年）二文。这一释文，如承引用，请以此文所述为准。

能像上述第二条那样谈什么民族利益。这个说法，似是而非。在今日世界民族与国家林立、分界意识浓厚的情况下，说民族不应讲利益，纯属空谈！其实，所谓利益，决不仅是指物质与金钱。对任何一个民族来说，凡是涉及它的生存发展、兴衰荣辱、权利与得失、利害与安危的方方面面，可谓事关民族命运，都属于广义的利益。譬如，一个民族所居住的共同区域，其土地山川及一切资源除国家（或集体）拥有所有权外，又都构成该民族的利益客体，这是起码的常识。一个民族，对与自己生存发展密切有关的问题，必然会有自己的看法亦即认识；同时又必然会时时予以关切；而一旦有关自己生存发展诸方面应当享受的权利和正当的利益受到损害时，它就必然会起来采取种种方式加以维护。某个民族的这种维护其正当权益的意愿和行为，其他民族特别是大民族都应当给予充分的尊重，这是不同民族之间平等交往的出发点和基础。在我国条件下，一个民族只要不背离社会主义祖国的利益，又不利己而排他、不损害兄弟民族的利益，那么这个民族维护其正当权益（即国家宪法和法律所规定的一切权利）的意愿与行为又都应当受到国家政权的保护。我在《“民族意识”初析》一文中释义第二条所用的“认识、关切和维护”几个词，乃是一个综合性的提法，它可以适用于一个民族存在与活动中所遇到的各种情况。

以上所谈，我在《初析》一文中都未及阐述，现在是借这个机会“补课”。希望能对你有一点帮助，并来信继续我们的讨论。

末了，我还想总括几句。通过对民族心理与民族意识的比较系统的探讨、比较深入的透视，把研究置于科学基础之上，由表及里、由外在文化风貌到内在心态，我们就能揭示一个民族之所以具有巨大凝聚力的“奥秘”，从而更加深刻地去认识民族这个人们共同体的属性和民族问题的复杂性及其存在的长期性。这也正是研究民族共同心理素质的实际意义之所在。

民族意识

“民族意识”初析

随着“社会主义初级阶段”理论的明确与提出，民族理论研究也正在进入一个深化的新阶段，若干理论问题，需要进行再认识、再探讨。近年来我国出版的民族类辞书，给人启发颇多。笔者有些不成熟的看法，准备逐一写成学习札记，就教于同行。文章不求全面系统、长篇大论，而是采取不拘一格的短论形式。笔者在《民族理论基础》一书绪论部分，对《共产党宣言》中论述资产阶级经济与政治集中、打破封建分割状态、建立统一民族国家的一段话，列宁论每个现代民族中都有“两个民族”、两种“民族文化”，以及恩格斯认为所有无产者生来就没有民族偏见等三个问题的探讨，都属于这种短论。以下就“民族意识”的涵义问题，略抒己见。

“民族意识”这个词汇，在民族理论学科、民族学理论、一般社会科学，以及人们日常口头和书面语言中，使用都很普遍。但是，遍查我国新编《辞海》、《现代汉语词典》、《新知识词典》、《简明社会科学词典》和有关民族的专业辞书如《中国大百科全书·民族卷》、上海辞书出版社及四川民族出版社出版的《民族词典》，都没有“民族意识”这个条目。《苏联百科词典》也是如此。这不能不说是此类词典的一个美中不足之处。

在上述我国重要辞书中，有一个小小的例外，即《中国大百科全书·民族卷》中列了“民族意识”这一词条，但未作解释，只在词条后注有“见民族共同心理素质”字样。这显然是认为“民族意识”与“共同心理素质”同义，至少是两者涵义十分相近。

“民族意识”当然是“共同心理素质”的一个组成部分和一种重要表现，并且和后者联系很密切，但它们毕竟是两个内涵范围不同的概念。“共同心理素质”包括“民族意识”，其涵义远远比“民族意识”广泛、复杂得多。按照笔者的理解，所谓一个民族的“共同心理素质”，是社会经济、历史传统、生活方式和地理环境特点在民族精神面貌上的表现和反映。它通过语言、文学艺术、建筑风格、社会风尚、生活习俗、宗教信仰、对祖国和人民的热爱、对乡土的眷恋等等，表现出自己的爱好、兴趣、能力、气质、性格、审美观和自豪感，以及这个民族待人接物、劳动习惯、行为方式等等特点。显然，这样一些复杂的、属于民族心理特征的外部表现，用“民族意识”一词是概括、表述不了的。譬如，我们知道，“性格”是一种比较稳定的行为表现方式。“共同心理素质”和“民族性格”这两个范畴一般可以通用，但我们却不能用“民族意识”来表达和代替“民族性格”这个概念。拙著《民族特征论集》中的有关文章，已经说到这一点，在此不再赘述。

那么，究竟什么是“民族意识”？我们是否可以对它下一个简明的界说，这个界说既能揭示它与“共同心理素质”的内在联系，又能表明两者的区别。依笔者的理解，“民族意识”的涵义主要包括以下两点：

第一，它是人们对自己归属于某个民族共同体的意识。

第二，在国家生活中，在与不同民族交往的关系中，人们对本民族生存、发展、权利、荣辱、得失、安危、利害等等的认识、关切和维护①。

除了上述两点主要内容，对“民族意识”的涵义再也不宜作更宽的解释。而这样两层意思，无疑又都包括在“共同心理素质”这个大概念之中。

第一点所说的归属，也就是我国和苏联学术界通常所用的民族“自识性”、“自我或自觉意识”、“属性觉悟”、“认同”以及“民族观念”，有的研究者就直接名之曰“归属感”。近代启蒙学者梁启超说：“何谓民族意识？谓对他而自觉为我。”这句话的意思，就是在异族面前自己的族属感便会油然而生。对“民族意识”的解释，言简意赅，莫过于梁氏这一界定。

“民族意识”产生于一个民族形成的长期过程中，它的确立也就是从

① 作者在写《民族意识与祖国意识》一文时，为力求完善内容和文字表述，对“民族意识”内涵，概念曾略作补充和修饰。特此说明。请参阅《民族意识与祖国意识》一文。

自我方面标志着这个民族的形成。有的研究者正确地指出，它是保持民族稳定性的一个重要因素。笔者认为，“民族意识”是一种巨大的凝聚力和原动力。我们通常说“民族意识的觉醒”、“民族意识的迸发”，最能说明这种凝聚性和原动性。由于民族意识的觉醒和迸发，于是在本民族生存发展等方面产生一系列观念和意愿，以至于行动。这就是上面所说第二点的内容。它是一个民族在社会—政治方面趋于成熟的重要标志。例如在资本主义上升时期，新兴资产阶级在反封建过程中使人们团聚为一个民族，其直接结果是导致资产阶级民族国家的建立，有如近代西欧英、法、德、意各国那样。又如在20世纪，殖民地、半殖民地和附属国各被压迫民族反对殖民主义、帝国主义统治，谋求民族解放和独立的斗争，其原动力便是“民族意识”。对上述两种情况，用“民族意识”的觉醒与迸发来说明，更是确切不过的了。

我国民族理论学术界有的研究者指出，每一个民族都具有“分界意识”和“认同意识”，它们“是民族意识的一部分，而且这两者是个对应的概念”①。这是一个科学的提法。我们也可以说，对异族——“分界”意识，对本族——“认同”感，二者是一件事的两个方面。这样认识，有助于我们加深对“民族意识”的理解。

在社会主义时期，已经消灭民族压迫、取得平等地位的各个民族，仍然具有相当强烈的“民族意识”，并且一般是通过本民族的知识分子、干部及其上层表现出来。他们主要是关心本民族的存在、发展和命运，这同社会主义平等、团结、互助合作的民族关系是并行不悖、没有矛盾的，是符合民族发展规律的现象。在我国条件下，除个别民族分裂主义者的非法活动外，对于各民族这种关心本民族存在、发展和命运的正当感情，使用“民族意识”最为确切，绝不能动辄扣上“资产阶级民族主义”、“地方民族主义分子”一类的帽子。这是防止重犯“左”的错误，正确执行民族政策，做好民族工作，增进社会主义民族关系的一个重要问题。当然，如果“民族意识”不能表达广大成员的正当感情，或者背离全民族利益，那就需要用马克思主义民族观来适当地进行说服教育。

① 黎岩：《民族分界意识和民族认同意识》，《黑龙江民族丛刊》1988年第3期。

总起来说：

——“民族意识”一词使用非常广泛、普遍，又具有比较通俗、易为人们所了解的特点；

——并且在民族形成、生存与发展中起着凝聚力与原动力的作用；

——在社会主义条件下，又是表达民族意愿，有助于正确执行民族政策，促进新型民族关系建立的一个重要因素。

因此，在民族类专业辞书中应当有它的位置，列为一个条目，加以诠释，一方面交代它与民族共同心理素质的联系，另一方面又说明二者含义不可等同、不可相互替代的关系。

（写于1988年底）

社会主义与民族意识

近年来，“民族意识”问题日益受到人们的重视。为什么当今世界民族意识有普遍增强的趋势，甚至在社会主义国家也不例外？社会主义与民族意识是否相容？二者关系怎样？这确实是值得研究的问题。笔者曾写《“民族意识”初析》一文[①]，内容基本限于释义，意犹未尽；本文打算在前文基础上，从理论与实际两方面对社会主义与民族意识的关系问题略作探讨。

马克思、恩格斯和列宁均没有论述民族意识问题的专文。斯大林在阐述民族特征时，只用“共同心理素质”这个提法，学术界对此褒贬不一。但是，1925 年斯大林在《论东方民族大学的政治任务》一文中讲过这样一段颇有启发意义的话：“社会主义革命并没有减少而是增加了语言的数目，因为它震动了人类的最下层，把他们推上政治舞台，唤起早先大家不知道或很少知道的许多新的民族去追求新的生活。谁能想到过去的沙皇俄国是一个至少有五十个民族和民族集团的国家呢？可是十月革命打断了旧的锁链，把许多被遗忘了的民族和部族推上舞台，给了他们新的生活和新的发展。”[②] 这段话并没有涉及民族意识，然而对我们研究社会主义条件下的民族意识问题却能引发一连串思考。笔者认为，从新中国建立后的实际情况来看，在社会主义与民族意识之间存在着三个逻辑层次，也可以称之为两者的内在联系和因果关系。

① 见《中央民族学院学报》1989 年第 3 期。

② 《斯大林全集》第 7 卷，人民出版社 1953 年版，第 117 页。

——社会主义不是“取消”① 民族，而是“增加”了民族的数目；

——社会主义不是限制民族权利，而是赋予各民族以充分的民主权利；

——从而，社会主义不是“磨灭”民族意识，而是进一步唤起了各民族的觉醒意识。

回顾历史，我国不少古籍都有“蛮、夷、戎、狄”的记载，明确有不同族类存在。清初还在河北承德建造了象征多民族存在和交往的八大寺庙景观。孙中山倡导中国人的民族主义，主张汉、满、蒙、回、藏五族共和；他在民族问题上同样是一个有眼识的革命家。可是到了国民党统治时期，大汉族主义者却否认国内各少数民族的存在，妄说这些民族不过是汉族的不同宗支。新中国建立后，历史还归本来面目。人民政权在宣布国内各民族一律平等的同时，认真进行了民族识别工作，除汉族外，先后一共确认了五十五个少数民族，其中人口不到一万的便有九个。人口少到二三千的小民族，同样是社会主义大家庭中地位平等的成员。在古老的中国大地上，新生的社会主义像惊雷一样，唤醒了“沉睡”的、无权的、被歧视、被侮辱的一大批处于落后发展阶段的民族，许多昔日鲜为人知的小民族登上了社会主义政治“舞台”，获得了新的生活。

共产党人和社会主义者，以解放各民族和全人类为己任。我国社会主义制度不仅确认了数以半百计的民族的存在，并且在政治、法律上实现了民族平等，赋予他们以受到宪法和法律保障的广泛而充分的民主权利，诸如参与国家管理，使用本民族语言文字，风俗习惯和宗教信仰自由受到尊重，帮助他们发展本民族的经济、科学教育、文化艺术、新闻出版及体育事业，等等。集中到一点，就是各少数民族都可依法实行区域自治，管理本民族的内部事务。

民族平等的实现，民主权利的享受，新中国建立后一系列深刻的社会变化，唤起了各民族的新的自觉意识。

笔者理解，所谓民族意识，除民族认同和归属感外，还有另一方面的

① 马克思、恩格斯在《共产党宣言》中驳斥了关于共产党人“取消祖国，取消民族”的妄言。见《马克思恩格斯选集》第1卷，人民出版社1972年版，第270页。

重要含义，即在国家生活中，在与不同民族的交往关系中，人们对本民族生存、发展、权利、荣辱、得失、安危、利害等等的认识、关切和维护。这种民族自觉意识，在不同的时代有不同的色彩。在旧中国，各族人民反抗民族压迫和封建压迫，凭借的是要活命、要生存的民族意识，其觉醒还处于一般层次，单纯朴素。由鸦片战争到抗日战争，在抗击外国殖民主义、帝国主义侵略的过程中，中华民族的民族意识空前迸发，其特点是与爱国主义相结合，后浪推前浪，波澜壮阔，民族觉醒达到了新的层次。新中国建立后，在社会主义条件下形成的民族意识，其内容与性质则具有如下特点。

（一）觉醒着的各个民族，从来没有这样意气风发，关切本民族的存在和前途，从而理所当然地表现出一些愿望和要求，例如，重视本民族当家做主的政治权利；渴望发展民族经济、文化建设事业；要求在民族工作中注意民族特点与民族形式；希望本民族历史受到尊重，得到正确的反映和对待；以及发扬民族优良文化传统……这些愿望与要求，性质和过去的民族意识不同，是在新的历史条件下产生的更高层次的社会主义民族意识。

（二）新中国建立以来，我国少数民族终于在历史上有了虽然为数不多但是具有先进思想的工人阶级；有了或多或少的受过中等以至高等教育的知识分子；有了一大批在实践中成长起来的具有一定文化程度、管理才能的民族干部。民族的觉醒意识、愿望和要求，通常就是通过本民族内部这样三部分人以及一些爱国上层民主人士表达出来的。这件事本身就具有社会主义性质和时代意义。各民族过去处于无权地位，许多少数民族没有自己的工业生产者、知识分子和管理干部，因而也就很难焕发更深一层的民族觉醒意识。

（三）各民族关切自己的存在和前途，提出一些合理的愿望与要求，属于正当的民族感情，是一种进步现象，且足以自豪。笔者认为，把这种民族觉醒意识称之为“历史使命感”是很恰当的。它的中心思想是自立自强，振兴民族，所以完全符合社会主义国家致力于各民族共同发展、走向繁荣昌盛的根本政策；换言之，民族意识与社会主义不仅相容，而且两者在根本利益上表现出了一致性，因此应当受到尊重和理解，特别是大民族的尊重和理解；国家民族工作部门的任务，则是善于引导，使之健康发展。

对于民族意识，如果认识片面、有偏差，运用失当，会不会导向民族主义？在这个问题上，笔者认为可以从两个方面来看待。

一方面，从社会主义条件下民族觉醒意识的性质来看，首先要求我们严格划清它与资产阶级民族主义的界限。如上所述，现阶段我国各民族的民族意识基本上是一种正当合理的感情，因此决不可与民族主义相提并论。

另一方面，我们也应看到，民族意识是一个相当复杂的精神现象，其中既有不少积极因素，也会包含一些消极成分。在我国，由于历史上民族偏见、歧视、隔阂与压迫的影响；由于小农经济、宗法社会、封闭保守等观念的根深蒂固；由于某些残留的陈规陋习、落后传统心理的作用；再加上新中国建立以后“文革”期间民族政策的近于废弛，民族地区经济工作的失误；还有国际大环境中资产阶级意识形态、宗教因素、跨境民族的影响，因此任何一个民族的民族意识都可能包含某些“杂质”，亦即消极成分。例如，地方局限性、狭隘性、排他性；对待民族特点和民族形式不分糟粕和精华的态度；在发展经济文化建设、消除历史上形成的“事实上不平等”的问题上，有时表现出超越实际国力的急躁心理、民族本位主义倾向；以及在某些场合把不同民族个别成员或小群体之间的纠纷夸大为民族矛盾，等等。此外，还有出于民族宗教感情，在宗教生活方面看重物质、讲究排场的现象，也从一个侧面说明民族意识中带有消极成分。

上述各种各样的矛盾，在我国虽然不是民族意识表现的主流，但是也不应漠视，它不利于社会主义民族关系的发展，也妨碍各民族自身的发展。解决此类矛盾的办法，除加强和优化民族工作外，主要是进行马克思主义民族观教育、民族政策教育、爱国主义和国情教育。对于偏离社会主义轨道的民族意识倾向，应当本着实事求是的原则及时加以纠正。至于个别人利用民族、宗教为外衣为工具，进行分裂祖国的活动，那就根本不属于民族意识范畴，应当另作别论了。

为了更加全面地认识社会主义与民族意识的关系，还有必要对民族意识产生、存在及其发展规律的一般原理略作探讨。这有如下三层意思：

第一，民族意识的产生，是一个相当长的历史过程。它发生于一个民族基本形成之后。笔者在《“民族意识”初析》一文中曾说到，民族意识的确立，也就是从自我方面标志着一个民族的形成。近读费孝通教授新著《中华民族的多元一体格局》一文，深受教益。他指出：“民族是一个具有共同生活方式的人们共同体，必须和‘非我族类’的外人接触才发生民族的认同，也就是所谓民族意识。所以有一个从自在到自觉的过程。”又说：“民族名称的一般规律是从‘他称’转为‘自称’。”① 费孝通教授的深刻论述，实际上也说明了民族意识的产生有一个较长过程，要到“自觉”阶段才算确立。

第二，民族意识一旦发生和形成，就成为巨大的精神凝聚力。打个比方，民族意识之于一个民族，就像钢筋和混凝土的结合一样。对于这种凝聚作用，笔者在《“民族意识”初析》一文中已略有论及，不再赘述。

第三，民族意识有它存在、发展的特点和规律。一方面，一个民族所处的国家和社会条件；不同民族之间的相互接触和交往；特别是经济、文化的发展（民族交往和经济发展二者又相互联系、相互促进），无疑会或多或少地影响到民族意识，并有可能导致民族认同与分界意识在一定程度上的淡化。忽视经济、文化发展对民族意识的制约作用，显然不是唯物论。但是，另一方面，历史和现实也告诉我们，经济、文化越加发展，民族意识并不一定就会越加削弱。实际情况则是，经济、文化的发展，却往往会唤起民族的觉醒，更新其观念，使它萌发对新的生活方式的追求，从而表现出民族意识的增强与上升。许多经过革命、获得解放、正在建设家园的民族便是这样。事情之所以如此，原因就在于民族意识是一种离生产力和经济基础较远的社会现象，具有自身的相对独立性。社会制度和经济基础改变了，民族意识却不会随之发生剧烈变化、削弱与消失。而且，在一定的历史条件下和政治环境中，潜在的、“平静的”民族意识还会超越经济力量的制约而“爆发”或强化起来。这样两个方面，也可说就是经济、文化发展和民族意识之间的辩证关系。

从世界范围看，民族意识在许多地区普遍增强，可谓方兴未艾。这种

① 见《北京大学学报》1986年第4期。

状况仍将持续下去。今后，不论在民族独立国家、社会主义国家还是资本主义国家，民族意识还会存在一个很长时期①，直至遥远的未来民族逐渐走向融合和消亡之时，才会淡漠与消失。可以想见，民族意识作为长期的历史产物，它的消失自然不会是一下子完全泯灭，而将是一个由强到弱、由明显到不明显、由浓到淡，最后消失的渐进过程。

民族意识的长期存在及其稳定性，是造成民族共同体的稳定的重要因素。近年来，我国学术界有的研究者指出，民族既是一个稳定的共同体，又是一个变动的实体②。这是正确的。对此，笔者还想补充一点，即从哲学上讲，稳定与变化是一对矛盾；稳定是相对的，变化是绝对的；“民族”是一个稳定与变化共存的统一体。然而，若就当代民族林立，差别仍大，民族意识普遍存在的现状来看，稳定——民族共同体固有的特性之一——还是处于矛盾的主要方面的地位，即起支配作用的方面；而变化虽然不断在发生，却仍处于非主要地位。只有变化的“因子”积累到一定程度，矛盾的主要方面才由稳定让位于变化，那时民族也就将缓慢地走向自己的终结。民族的稳定性之所以能够比较持久，笔者认为主要是共同语言、民族意识与共同心理素质起了支柱和“脊梁骨”作用。在我国条件下，充分认识民族意识的内涵与性质、发展的特点与规律及其长期、稳定的存在，对我们做好新时期民族工作将是大有裨益的。

（写于1990年）

① 这三类国家当然又各有不同的情况，不可一概而论，必须从时间、条件、地点诸方面加以具体分析。一般说来，正在发展中的广大民族独立国家，民族意识空前高涨、普遍增强，可谓正处于高峰，这是两次世界大战迄今反殖、反帝斗争的产物；获得解放后又有从政治独立进而谋求经济独立的强烈意识。就社会主义国家来说，观察民族意识问题，重要因素之一是旧制度遗留下不少民族问题，如经济、文化落后及民族隔阂等等。至于当前各工业发达国家占统治地位的民族的民族意识，相对说来较为淡薄；他们原属压迫民族，垄断资本又日益国际化，可能是民族意识较淡的两个重要原因。如就许多美国人来说，“金元帝国”与全球战略意识可能比美利坚民族意识更为浓厚。

② 见周光大《民族是一个变动的实体》一文，载《贵州民族研究》1988年第4期。

民族意识与祖国意识

民族和国家是两个不同的历史范畴，但民族共同体与国家实体又是分不开的。民族及民族意识的存在，离不开一定的国家范围；民族意识的形成和健康发展，离不开爱国主义的哺育和熏陶。笔者在《社会主义与民族意识》一文①中，曾提及在我国条件下以爱国主义和国情教育来克服民族意识中消极面的问题。最近读到尊敬的同行穆立立同志在一次学术讨论会上发的言，论及20世纪40年代苏联卫国战争时期各民族的民族意识和苏维埃公民、国家观念达到了一致，这是反法西斯战争取得胜利的一个重要因素。这个发言，寓意深刻，很有启发性。而笔者在《社会主义与民族意识》中所论，亦意犹未尽，因写此文。

民族意识的内涵，首先表现为人们对自己归属于某个民族共同体的意识，亦即认同；其次是在国家生活中，在与不同民族交往的关系中，人们对本民族生存发展、兴衰荣辱、权利与得失、利害与安危等等的认识、关切和维护②。

世界上有不少多民族国家；有民族成分比较单纯，以一个大民族为主，同时包括几个小民族的国家；纯属单一民族的国家是不多的。不管属于什么情况，任何一个民族，都生活在一定的国度之内，并与同国其他民族密切交往，则是没有例外的。每个民族对自己的生存发展、兴衰荣辱、

① 见《中央民族学院学报》1991年第1期。

② 关于“民族意识”概念的涵义，本文与《“民族意识”初析》（《中央民族学院学报》1989年第3期）、《社会主义与民族意识》二文所述基本相同。为了力求完善内容和文字表述，本文在“荣辱”一词前加上“兴衰”二字；权利、得失和利害、安危间的连接词也是这次加上的。特此说明。

权利与得失、利害与安危的认识、关切和维护，绝不仅是本民族单方面凭主观所能左右、安排、决定的事情；这种认识、关切和维护，必然和该民族所居住的国家有着千丝万缕的、不会间断的联系，都要受国家政治、经济、文化生活与民族关系的制约。一个民族长期劳动、生息、繁衍于其中，在民族意识方面又受其影响与制约的国家，也就是我们通常所称的"祖国"。每个民族除有自己鲜明的民族意识之外，还必然会有高层次的祖国意识；而且，后一种意识一般说来也是很浓厚的。祖国意识不仅存在于国家内部。一个国家的公民，一个民族的成员，离开了本土，长期侨居他乡异国，对祖国也不会忘怀，祖国意识也不会消失。

所谓祖国意识，就是长期劳动、生息、繁衍于共同国土之上的各个民族的人们对自己故乡的眷恋，对自己出生于并受其养育的国家的土地、山水直到历史、文化所产生的感情、精神依托以及自尊心和自豪感。一个国家的人民，一个民族的成员，都珍爱这种感情，十分重视自己祖国的尊严。人们通常把这种感情恰当地称之为"爱国主义"，这在古今中外各个民族都无二致。祖国意识和爱国主义都是一种崇高的感情。正如列宁所说，人们在千百年来巩固起来的对自己祖国的深厚感情，就是爱国主义①。深刻地揭示了祖国意识的由来和内涵。我们可以说，祖国意识与国家观念、爱国主义几乎是同义词。近年来个别论者对列宁关于爱国主义的概念提出"质疑"，笔者认为是不能成立的，可以说是由于缺乏历史主义的分析。列宁所讲的爱国主义感情，当然不包括剥削者、统治阶级假祖国、民族之名，穷兵黩武，对外侵略与压迫其他国家和民族的行径，此种行径与祖国意识风马牛不相及，这是不言而喻的。

上述一个民族热爱自己祖国的意识和感情，以及因这种意识、感情而表现的爱国主义思想与行动，古今中外各民族中的人物和业绩，事例甚多，不胜枚举，可以编成成卷的资料。

在世界历史上，例如，15世纪"英法百年战争"中的法兰西民族英雄"圣女贞德" （1412—1431年）；19世纪匈牙利爱国志士裴多菲

① 列宁：《皮梯利姆·索罗金的宝贵自供》，载《列宁全集》第28卷，人民出版社1956年版，第168-169页。

（1823—1849 年）。后者在脍炙人口的箴言诗《爱情和自由》中写道：“生命诚可贵，爱情价更高；若为自由故，两者皆可抛！”这首诗表达了作者对其祖国真挚而崇高的意识、感情和忠诚。1990 年 3 月新独立的纳米比亚共和国首任总统努乔马，为反抗南非白人当局殖民统治，长期流亡国外从事革命活动，国家独立前不久重返故土，一下飞机就跪在地上，满面笑容，无限欣慰，如饥似渴地亲吻大地，倾注了他对祖国的亲子般的深厚感情。这样三个事例，在世界历史上都具有典型与代表意义。

在中国历史上，古人如封建社会后期的民族英雄戚继光（1528—1587 年），在东南沿海横扫来犯倭寇，使敌人望风而逃，我沿海各族人民得以安居乐业。又如民族英雄郑成功（1624—1662 年），从福建率军渡海东征，使荷兰殖民者闻风丧胆，战败投降，一举收复祖国宝岛台湾。

我国历史上的近现代时期，在林则徐、孙中山、毛泽东、周恩来、方志敏、刘胡兰等著名人物的革命活动中，民族意识和祖国意识的契合得到了完美的体现。

革命烈士方志敏（1899—1935 年），身处 20 世纪 30 年代民族危机日亟的中国社会，目睹民族和国家饱受帝国主义列强的凌辱，在狱中写下了名作《可爱的中国》，呼唤“爱护中国，拯救中国”。“中国是生育我们的”“蛮可爱蛮可爱”的母亲，“她是一个天姿玉质的美人”，可是却被外族玷污着！方志敏呐喊：四万万同胞齐觉醒，“把母亲装饰起来”，使她“成为世界上一个最出色、最美丽、最令人尊敬的母亲”。为此，他写下了发自肺腑的誓词：“我是常常这样想着，假使能使中国民族得到解放，那我又何惜于这一条蚁命！”① 他以慷慨就义实践了这一誓言。《可爱的中国》是平凡、优美而又悲壮的诗篇，凝结着浓烈的民族意识和祖国意识，感人至深，催人奋发，它将永远激励着我国各族人民发扬爱国主义的精神传统！

一国之内，民族不同，祖国意识相同。在许多情况下，祖国意识表现于不同民族共同抗击外敌的侵犯。一个民族和一个国家之内有不同的阶

① 以上引文均见方志敏《可爱的中国》一书第 4 页及第 15－17 页，人民出版社 1952 年版。

级，但阶级地位与属性及阶级意识形态的不同，并不妨碍在祖国意识上的一致性。由于共同的祖国意识常能超出阶级意识的局限，在受到外来强敌侵犯、面临亡国危险的时候，一个国家之内各个民族中的不同阶级，就有可能在一定程度上联合，形成全民共同抗敌的局面。各民族中的少数败类丧失祖国意识，媚外事敌，出卖国家利益的现象，不能否定上述抵御外侮的全民性。此外，同一个民族由于某种历史的原因，分裂为两个部分以至两个国家，也可能由于共同祖国意识纽带的维系与促进而复归统一。

不同民族的共同的祖国意识，并不仅仅表现于抗御外侮之时，这种意识同国家内部平时的政治、经济、文化生活，都有密切联系，从中也能体现出来。例如，在我国，宪法规定少数民族在其聚居区享有实行区域自治的权利；各民族自治地方都是中华人民共和国不可分离的一部分。后面这一条不可动摇的根本原则，便是祖国意识在国家政治生活中的具体化，它表明民族权利意识和祖国意识、国家体制的高度一致。我国五十六个民族的民族意识，都与“中华民族”、“中国人”这个更大的群体意识亦即祖国意识相结合，两种意识不仅互不相悖，而且实际上是也应当是和谐一致、相辅相成的。中国自秦汉以来便是一个统一的多民族的国家；“中华民族”是包括五十六个民族集体的统称；新中国建立后，我们又业已建立起以民族平等、民族团结为基础的社会主义民族关系，这种民族关系为民族意识和祖国意识的一致创造了前提。我们国家的民族团结，不是一个五十六个民族相安无事、和睦共处的简单概念，它具有更加积极的意义，这就是各民族互助合作，共同发展繁荣，并且表现为鲜明的祖国意识和对国家统一、主权与领土完整的维护。

现时在我国条件下，祖国的振兴与富强需要各个民族都能健康地发展，繁荣昌盛；而各个民族的生存发展，兴旺发达，又都离不开强大的社会主义祖国。诸如国家在国防军事上保障各民族特别是边疆各族的安全和不受侵犯；国家对各民族经济、文化建设事业的全面帮助；国家通过各项政策特别是民族政策（包括宗教政策）借以调节民族关系等等，都是各民族发展中不可或缺的重要因素，这种依托关系又都说明各民族增强祖国意识和发扬爱国主义精神的重要性。在我国社会主义条件下，民族及民族意识和祖国及祖国意识二者之间，是小我与大我、局部与整体、从属与主体的关系，这一点应当成为五十六个民族的共同认识。祖国意识和爱国观念的增强，无疑有助于克服民族意识中的消极因素。

世界上每一个民族，都生息于自己的祖国摇篮之中，劳动繁衍于自己的祖国大地之上。“祖国”一词，本身就表明了民族共同体与它的密切关系，无怪乎世界上许多国家的人民和民族都爱将自己的祖国比为母亲。在英语中，祖国一词就是 MOTHERLAND。世界上任何一个民族，如果没有祖国，失去了自己所依托的祖国，亡了国，自己的生存发展也就失去了保障，或虽存在也是处境维艰，多灾多难。如此状况，用得着我国一句古话：“皮之不存，毛将焉附!”世界历史不乏此例①。也正因为这样，世界上每个国家的人民、每一个民族，在自己的民族意识之外，都会同时存在着共同的祖国意识。

在此，还应提及一个有关问题。这就是，在世界历史上的各个阶级社会里，一个国家的人民和民族，常有反对本国政府和统治阶级对外进行不义战争的情况。这是一种应当同祖国意识区别看待的现象。或者说，它并非是对祖国意识的否定。国家与政府，当然密不可分；政府就是国家的载体，并且对外代表国家，但二者又毕竟不能等同，政府与祖国也不能相提并论。在阶级社会里，一个国家的政府即政权通常为剥削阶级、统治集团所掌握，统治阶级发动对外侵略与掠夺其他国家和民族的战争是常见的历史现象。到了近代和现代，民族意识逐渐成为一种社会思潮，欧美资产阶级统治集团、民族利己主义者在对外进行侵略时，又经常“巧妙地”利用民族意识，挑起民族仇恨，假借“祖国”名义，“把自己的私事冒充全民的事情”②。然而，这种行径也往往会导致本国被压迫人民和民族的不满，直至引发各种形式的反抗斗争。列宁主义认为，在本国资产阶级政府对外进行帝国主义掠夺战争时高唱“祖国”口号是错误的，实际是为虎作伥，维护资本政权的利益，而反对这种战争则是正义的。因此，在第一次世界

① 例如犹太人失去了自己的祖国（犹太人王国），公元 1 世纪起便流散到欧洲及世界其他一些地区，备受欺凌。当时，欧洲排犹主义司空见惯；到第二次世界大战期间，欧洲犹太人更是遭受空前浩劫，有五百多万人惨遭德国法西斯杀害。

② 斯大林：《马克思主义和民族问题》，载《斯大林全集》第 2 卷，人民出版社 1953 年版，第 303 页。

大战期间，列宁提出了使帝俄沙皇政府在战争中败北的策略方针，指出了“保卫祖国”的口号在当时俄国历史条件下的反动性。这当然不是说俄罗斯民族不要祖国。同样，第二次世界大战时德、意、日等国的进步势力不为当局“祖国”、“全民”口号所迷惑，奋起反战，也是正义的行动。历史上所有这样的事例，都与前文所论的祖国意识不相违背；它既是对受本国资产阶级政府侵略和掠夺的国家、民族的同情与支持，同时又恰恰是为了拯救自己的祖国于不义战争的危难之中，使自己祖国和民族的形象不受污损，因此也是一种崇高的祖国意识和爱国主义的表现。

列宁说：“祖国、民族——这是历史的范畴。”①，但是，民族与国家的未来或消亡，还是难以预言的遥远现象。现在人类社会的客观事实是民族林立，国家林立，民族与国家分界意识浓厚，国际主义还只是少数人的信条和尚在探索中的理论。每个民族，只有使自己的民族意识与祖国意识和谐一致，借以促进各自祖国的繁荣昌盛，促进不同民族和不同国家和平交往与合作关系的发展，才能为国际主义与世界大同创造条件。这就是历史的辩证法。

（写于1991年）

① 列宁：《给波利斯·苏瓦林的一封公开信》，载《列宁全集》第23卷，人民出版社1959年版，第198页。

民族意识与民族主义

——致一位青年同行

前信曾谈及这个主题，语焉不详，言未达意。

在近期关于民族意识的讨论中，经常涉及民族意识与民族主义二者的关系问题。我赞同这样的观点："一定要注意区别社会主义民族的民族意识和资产阶级及其他剥削阶级的民族主义。"① 我不同意这样一个提法："在民族意识与民族主义之间没有不可逾越的鸿沟或界限。"这样提太笼统了，并非随处可以适用，尤其不适合我国社会主义条件下的情况，不利于社会主义民族意识积极作用的发挥。我认为，应当区别不同时代、不同社会形态、不同国家与民族情况来看待民族意识与民族主义的关系问题，具体情况具体分析。现将个人看法略述于后。其中正确的部分，希望得到贵刊的支持；不妥之处，则请批评指正，提出来共同商榷讨论。

（一）西方资本主义民族的民族意识和资产阶级的民族主义

近代"民族"是西方资本主义兴起时代的产物，随之也产生了民族意识，时间大体是从17世纪至19世纪，即所谓自由资本主义时期。这个时期西方诸国的民族意识，在我看来至少起了三个进步的历史作用：（1）在反对和消灭封建主义过程中，有利于新兴资产阶级把本国人民团聚为一个民族。（2）有利于近代民族国家的建立，有如西欧英、法、德、意以及美国（它同时经过独立战争）和东方的日本那样。（3）这种民族国家基本

① 见李淑琴《论社会主义时期民族意识的增强》一文，《民族理论研究》1991年第1期。

形成了统一的语言和市场，有利于资本主义的发展，使它创造了前所未有的社会生产力。

然而，伴随着资本主义的发展，资产阶级为了扩大商品市场，获取廉价劳动力，掠夺原料，追求更多利润，日益把目光转移到国外和海外，侵略、压迫、奴役其他国家和民族，特别是弱小民族和落后国家。这就是近代殖民主义和帝国主义，其意识形态的重要表现之一即资产阶级民族主义，这是最富于扩张性、侵略性、掠夺性的一种民族意识。到 20 世纪中叶以后，由于殖民地人民长期的反抗斗争及相继取得解放与独立，西方资产阶级这种最富于侵略性的民族意识才基本上被遏制下来了。

针对上述历史情况，我们有充分理由指出："民族意识与民族主义之间没有不可逾越的鸿沟或界限"这个论断，对于西方资产阶级国家不仅非常贴切、适用，而且是一种为资本主义经济基础所决定的带有必然性的现象。这种资产阶级民族主义，形式上是民族利己主义，实质上则是阶级利己主义。

（二）殖民地、半殖民地、附属国民族的民族意识和民族主义

既有西方资产阶级和压迫民族的殖民主义与帝国主义，也就有被压迫的殖民地、半殖民地和附属国，特别是在世界落后地区的亚洲和非洲。这些国家和地区的人民，有许多也在逐渐形成近代意义的民族，其特点之一是，民族形成的过程，也就是反对殖民主义、帝国主义侵略与压迫的过程。在这个过程中，民族意识特别是争取生存权利、决定自己命运的意识，由萌芽成长而逐渐显露，日益强烈；民族意识的高涨与反抗殖民主义、帝国主义的斗争又相互促进。反抗压迫的民族意识发展到最高形式，就是以包括武装起义在内的各种形式开展谋求民族解放、建立独立国家的斗争。这一斗争终于在 20 世纪中叶获得全球性的胜利，使帝国主义殖民体系土崩瓦解。

在不同的历史条件（包括政治、经济、文化及一个国家和民族的外部环境）下，民族主义具有不同的形式、性质和色彩。上述一切殖民地、半殖民地、附属国的民族主义，也就是我们通常所称的被压迫民族或弱小民族的民族主义。从中国的孙中山到土耳其的凯末尔和印度的甘地等所倡导的民族主义，都属于这一类。正是由于民族意识的形成、觉醒和不断迸发，才产生了这种进步的民族主义，推动了世界历史的发展。其产生也有必然性，但我们却不宜用“民族意识与民族主义之间没有不可逾越的鸿沟或界限”这样带有贬义（或特定含义）的提法去看待这种民族主义产生与发展的过程。被压迫民族的民族意识与民族主义，和压迫民族的民族意识与资产阶级民族主义，从表现形式到内容实质都有原则区别。

以上两个部分所谈，均属常识，但为了对照、比较研究不同历史条件下不同社会形态中的民族意识和民族主义及其关系问题，简略回顾和论述一下仍是必要的。

（三）现时我国社会主义条件下的民族意识

“民族意识与民族主义之间没有不可逾越的鸿沟或界限”这一提法，看来论者主要是针对我国情况来说的。下面我们就来看看这个提法对我国现时社会、民族关系是否适当，应当怎样看待我国民族意识及其与民族主义的关系问题。我认为有如下几点认识值得提出来，共同讨论。为把问题说清楚，需要稍多一点笔墨。

第一，我始终认为，在现时我国社会主义条件下，一谈到民族意识问题，首先一条仍然是明确它与资产阶级民族主义的根本分野。此一看法，我在《“民族意识”初析》、《社会主义与民族意识》二文中均曾强调。而“民族意识与民族主义之间没有不可逾越的鸿沟或界限”的提法，在客观上则容易模糊二者的原则区别。正如许多同行已经指出过的，民族意识中的消极因素及其表现，在我国一般属于人民内部错误思想，如果说到资产阶级民族主义，矛盾性质便不同了。我想，这就是必须注意两者区别的理论依据。

第二，关于“没有不可逾越的鸿沟或界限”的提法，我认为实际上是对我国条件下民族意识的积极因素、进步作用估计不足的一种思想反映。我在有关文章中多次论及，现阶段我国各民族如果没有社会主义民族意识的觉醒，便谈不到建设社会主义，不会有民族的振兴，难以成长发展为一个现代民族。各民族表现出健康、进步的民族意识，希望自立自强，提出一些合理愿望与要求，是开始自觉地向过去那种愚昧、闭塞、落后以及自卑状态和时代告别的具体表现，值得欢迎，令人鼓舞。如果我们对此进步作用有足够认识与估计，就不会轻易提出“没有不可逾越的鸿沟或界限”的看法。

第三，关于“没有不可逾越的鸿沟或界限”的提法，似乎有这样一种训诫意味：“可得注意，再跨一步，便要滑向民族主义了。”民族意识中的消极因素及其表现，倘若发展到一定程度，恶性膨胀，走向极端，转化为民族主义不是不可能的。但在我国条件下，有两个情况比较清楚，不应忽略：(1) 这种转化的可能性，不是在民族意识一有某种消极表现时便会成为现实，并不带有必然性。(2) 从新中国建立后的历史来看，民族主义性质的错误的出现，不是在整个民族全体或多数成员中，一般是某个民族某一阶层或群体的少数人的思想倾向与错误言行。应当区分这个少数和多数，不能视为某个民族中的全民性现象。根据这两点，我认为随意随时提出“民族意识与民族主义之间没有不可逾越的鸿沟或界限”这个说法是不妥的。

第四，民族意识中的消极因素及其表现，属于人民内部错误思想，不可随意在任何情况下都指为带有严重政治意义的“主义”，否则，矛盾性质即有可能随之转化，造成工作失误，不利于民族团结。新中国建立以来，特别是“文革”时期，对某些人民内部错误思想倾向，不分轻重，动辄指为什么什么“主义”，前车之鉴，应引以为戒。当然，在特定意义上，把一些在民族问题、民族关系上的错误思想归类为“大汉族主义”、“地方民族主义”，作为思想分析，借以提高认识，并非绝对不可，但是不宜滥用。对于民族意识中的消极因素及其表现，包括少数人的某些过激言论，以及小群体的错误行动，当然也应当进行严肃的批评教育，促其克服、改正，不可放任自流，但是又应本着恰如其分、实事求是的原则，是什么问题就提什么问题。例如，民族狭隘性、排他性、利己性等等表现，就针对这种思想倾向与言论行动进行教育，不夸大、不上纲；要避免伤害民族感情，以有利于民族团结、社会稳定和社会主义民族关系的发展。

总之，在民族问题上，需要更多的谨慎、稳妥、温和，列宁和毛泽东在这方面的指导思想，仍然值得我们重温。对于民族意识这样比较敏感的问题，充分重视，因势利导，善于疏理，重在教育，无疑优胜于防范、压制和堵塞。有的多民族的社会主义国家，对长期潜在的民族意识的认识与估计不足，一旦“爆发”即难以收拾的教训，我们应当吸取。

以上看法，不妥之处请指出。我的原意，也是本着“双百”方针，各抒己见，抛砖引玉，供讨论、批评。在学术问题上，集思广益，多一点讨论，少一点“一言堂”，对学术的发展和繁荣总是有利的。

（写于 1991 年）

其　　他

风俗习惯应否列为民族构成要素

——关于民族定义的一点看法

斯大林指出，民族是人们在历史上形成的有共同语言、共同地域、共同经济生活和表现于文化特点上的共同心理素质的稳定的人们共同体。这是迄今为止对什么是民族所作的一个比较科学、完整的定义。它不仅为马克思主义者所接受，欧美资产阶级学者也不曾否定民族应该具备这样四个特征。

人们注意到，在这个定义中，没有把风俗习惯作为一个必需的特征，列为民族构成要素之一。笔者曾在较长时间里思考这个问题，并希望通过理论探讨，寻求关于风俗习惯应否列为民族构成要素的答案。下面试谈一点看法。

每个民族都有它的特殊的风俗习惯。不同的民族，特别是族源、语言有亲属关系的民族，在某些风俗习惯方面会有相同、相近或类似的情况，但一般说来，正如周恩来所指出的，“民族的风俗习惯比宗教信仰还要广泛”，“风俗习惯常常是一个民族一种”①。民族不同，风俗习惯也不相同，这是主要现象和基本事实。

民族的风俗习惯，在一定的意义上也可以称之为生活方式。它包括一个民族在衣着、服饰、居住、饮食、娱乐、节庆、礼仪、婚姻、丧葬以及生产等方面所特有的喜好、风尚、传统和禁忌。如果将风俗习惯作一个分类，大致有这样几种情况：反映生产与经济生活的，如以畜牧业为主的民族在居住、饮食上有其特点；表现民族历史（起源、事件、人物等等）的，如某些民族的节日及其起源或传说；反映艺术和文娱生活的，如本民

① 周恩来：《关于我国民族政策的几个问题》，《民族研究》1980 年第 1 期。

族所喜爱的歌舞、乐器、体育活动、手工艺品、生活用具等；还有同宗教以及迷信有关的事物与现象，如生产、饮食、礼节方面的喜好、崇尚或禁忌、清规戒律等等。此外，一个民族对自己的一些风俗习惯、优良历史传统怀有亲切感乃至自豪感，这也就是共同心理素质和民族感情的一种表现与反映。总之，风俗习惯可以涉及一个民族物质生活和文化生活的各个领域。

民族风俗习惯，有如下一些属性和特点。

风俗习惯是社会物质生活条件的产物，受生产活动（同自然界作斗争)、经济生活、地理环境、宗教信仰和共同心理素质的制约和影响。它是在长期历史中形成的，很大一部分是约定俗成，世世代代流传下来，经千百年而不改变或很少变化，因此具有相当稳定和牢固的特点。当然，随着社会物质生活条件特别是经济制度的改变，有的风俗习惯也会发生较大的变化，甚至完全消失。

风俗习惯另一个显著的特点是全民性和社会性。在一个民族中，剥削阶级可能会有自己的一些特殊习俗；某些风俗习惯的形成，可能深受剥削阶级思想意识的影响。但是，作为民族的风俗习惯，是为各阶级所共有，是没有阶级性的；风俗习惯的大部分，不能归入上层建筑。这就是全民性的含义。同时，对一个民族的社会生活来说，风俗习惯又往往成为一种模式或准则，被当做行为、道德规范，有的还起习惯法的作用。总之对一个民族的全体成员具有约束力。我们或许可以把它称之为“族规”，本民族成员对它是只能遵守，不得违反的。这就是社会性的含义。

一个民族的风俗习惯，有很大一部分也就是我们通常所说的民族特点、民族形式，即构成民族差别的东西。“一个民族总是要强调一些有别于其他民族的风俗习惯、生活方式上的特点，赋予强烈的感情，把它升华为代表本民族的标志。”① 确实是这样，无论哪一个民族，对自己物质生活与精神生活上所具有的特点、形式，不但怀有深厚感情，而且极为敏感。周恩来说，对民族风俗习惯“如果不尊重，就很容易刺激感情”②。在现实生活中，只要我们细心观察，就可以看出，一个民族往往以自己的风俗习

① 费孝通：《关于民族识别问题》，《中国社会科学》1980 年第 1 期。

② 周恩来：《关于我国民族政策的几个问题》，《民族研究》1980 年第 1 期。

惯是否受到尊重来衡量和处理同其他民族的关系，把风俗习惯受到尊重看成是对整个民族的尊重，因而持以欢迎和友好的态度；相反，在自己的风俗习惯受到歧视、干涉与破坏时，就会看成是对整个民族的侮辱与损害。其结果，小则造成民族矛盾和隔阂，大则可以酿成民族间的不幸事件。

这里应当指出，各民族的风俗习惯，既有精华部分，也有不少糟粕。就风俗习惯同本民族生存发展的关系来看，基本上可以分为三类：第一类，健康的、有益无害的、有利于本民族社会物质文化生活向前发展的；第二类，一般的；第三类，消极的、不健康的、落后而有害的。这后一类风俗习惯，对本民族发展起阻碍作用，当然需要改革和淘汰。但是，从这类风俗习惯中可以看出民族区别，则与前两类并无二致。

以上是从风俗习惯的属性与特点来看。我们从人类社会长期历史发展中还可以看到，风俗习惯和同化政策与同化现象有密切关系。历史上反动统治阶级在实行民族压迫和强迫同化政策时，着重的就是把自己的语言和风俗习惯强加于别的民族，首先是强制后者改变语言和服装、发式、饮食、礼仪等习惯，借以磨灭被压迫、被统治民族的特征。而语言与风俗习惯的不自由和同化，也恰恰是被压迫民族所难以忍受和最为反感的事情。这一点，从一个侧面说明了风俗习惯对一个民族的重要性。再就历史上民族间的自然同化现象来说，也是某个民族在与别的民族相处的过程中，经过长期潜移默化，丧失了自己的语言和风俗习惯等特点，因而变成另一个民族。这又从一个侧面说明了，某个民族的语言和风俗习惯的基本改变，在很大程度上也就是丧失了自己的存在，只有共同心理素质还可能在较长时间内保持下来。

不同的民族有不同的风俗习惯。在未来全世界各民族走向融合时，民族的风俗习惯将会是一种什么情景？顾名思义，所谓民族融合，当然意味着民族特征和民族差别的基本消失，民族区别不再存在。但是，恐怕也只能是各民族差别性在最大限度上的缩小，共同性在最大限度上的增长，各民族在衣着、服饰、饮食、居住和文娱活动等方面完全一律化是不可想象的。随着社会制度的改变，人类文明的发展和进步，各民族风俗习惯中消极、落后、不健康和有害的因素肯定会日益被淘汰或被改革，但某些有益的、健康的东西还会保持下来，获得改进、发展和提高，而且还会因为经济生活、自然条件、地理环境以及心理状态的不同而有一些差别。

综上所述，民族的风俗习惯如此重要，为什么在斯大林关于民族的定义中没有列为一个特征和要素呢？我认为有这种可能，即斯大林是把风俗习惯包括在表现于文化特点上的共同心理素质这个特征中。如果是这样，那是值得商榷的。笔者在《论民族共同心理素质》一文中曾涉及这个问题，认为风俗习惯对一个民族的共同心理素质的形成起重要作用，并且间接地、曲折地反映一个民族的共同心理素质，但二者绝对不是一回事，应当区分清楚。就范围和内容看，共同心理素质要比风俗习惯广得多，深得多；就表现形式来看，两者也是不同的，风俗习惯具有物质条件和明显的活动方式，共同心理素质则不直接依赖物质条件并且只表现于精神状态与行为特点上面，不存在什么看得见的活动形式。共同心理素质比较抽象，风俗习惯则正如斯大林所说，是“一眼就可以看出的”社会现象。

在马克思主义者对民族这一历史范畴的基本特征加以概括、作出科学定义之前，中外政治家和学者也对民族一词下过不少定义。在这些定义中，对民族构成要素各有不同提法，但值得注意的是几乎毫无例外地都把风俗习惯列为一个要素。例如：

孙中山认为，概括地说，民族是由自然力（王道）造成的，天然进化而成的；分别来看，民族包括血统、生活、语言、宗教和风俗习惯五要素，并说：“如果人类中有一种特别相同的风俗习惯，久而久之，也可自行结合成一个民族。”①

舒新城主编的《中华百科辞典》云：“凡由同一血统及同一生活、语言、宗教、风俗习惯等结合之人群，曰民族。”②

《辞源》正续编合订本关于民族的条文，除列举权力、地势、宗教、血统、语言外，也有“风俗”这个要素。

在辛亥革命前，我国还有人持民族六要素说，即一同血统，二同语言文学，三同住所，四同习惯，五同宗教，六同精神体质③。

① 《孙中山选集》下，人民出版社 1956 年版，第 590－593 页。

② 舒新城主编：《中华百科辞典·正编》，中华书局 1940 年版，第 222 页。

③ 张枬、王忍之编：《辛亥革命前十年间时论选集》第二卷上，生活·读书·新知三联书店 1977 年版，第 83 页。

日本矢部贞治在其所著《政治、民族、国家》一书中，指出民族构成要素除人种、语言、宗教外，还有国土、历史、传统、文化、习俗等共同性，并且认为："传统文化、习俗诸因素是正当的民族性表现，也是民族性的形成力。"①

19 世纪中意大利学者马齐认为，民族具有"土地、起源、习惯、语言的统一"。德裔瑞士学者布伦奇里也提到"习俗"这一要素，认为民族是一个由于语言、习俗、文化上的结合而使自己区别于其他集团的社会集团②。

在上述关于民族的定义中，把血统、宗教列为民族构成要素，这是不科学的、错误的；同时大部分定义也没有提出经济生活这一条件，因而有很大的缺陷。但是，它们不约而同地把风俗习惯列为民族构成要素之一，却有其历史合理性，基本上反映了客观事物的实际，可资参考。

在关于民族的定义中，斯大林虽然没有把风俗习惯列为民族构成要素，但在实际上，马克思主义者和无产阶级政党是非常重视民族风俗习惯这个问题的。

列宁在论及俄国民族问题特点和社会民主党民族纲领时，提到在俄国境内，尤其是边疆各民族的差别主要表现在经济、生活习惯等方面，同时认为："凡是国内居民生活习惯或民族成分不同的区域，都应当享有广泛的自主和自治。"③ 这里强调了生活习惯的不同是造成民族差别和实行民族自治的重要因素。

斯大林在解释自决权的意义时指出："只有民族自己有权利决定自己的命运，谁也没有权利用暴力干涉这个民族的生活，毁坏它的学校和其它机关，破坏它的风俗和习惯，限制它的语言，削弱它的权利。"④ 这里也把风俗习惯提到重要位置来看待。

---

① 《世界民族研究资料》1982 年第 21 期。

② 同上。

③ 列宁：《民族问题提纲》，载《列宁全集》第 19 卷，人民出版社 1958 年版，第 236、239 页。

④ 斯大林：《马克思主义和民族问题》，载《斯大林全集》第 2 卷，人民出版社 1953 年版，第 306 页。

众所周知，民族风俗习惯问题，在不同程度上也是民族问题理论、民族学、民俗学、人类学和社会学等学科研究的内容。

应当着重指出的是，民族风俗习惯问题在我国得到了应有的重视，一向被提到贯彻民族平等原则的高度来对待。

中国共产党“七大”政治报告《论联合政府》“我们的具体纲领”一节中，早就明确指出各少数民族的“语言、文字、风俗、习惯和宗教信仰应被尊重”①。

新中国建立以来，在民族识别工作中，除参照斯大林关于民族的四个特征并结合我国实际情况外，事实上已把风俗习惯当做识别一个民族的重要标志。同时，在一般群众看来，语言和风俗习惯的不同，亦即民族不同，可以说，这就是他们识别民族的简易或朴素的标准。

新中国建立以来，从人民政协《共同纲领》到历次宪法以及重要民族政策法令，都规定应当尊重各民族的风俗习惯，各民族“有保持或者改革自己的风俗习惯的自由”。国家还为一些民族的正当、有益的风俗习惯如节日活动、饮食、服饰上的需要等等提供物质条件与方便。

根据上述，笔者认为，风俗习惯可以列为民族构成的一个要素，这样，民族就有五个基本特征②。风俗习惯既然在实际上是判别不同民族的一个标志，又一目了然，容易分辨，把它列入民族构成要素，不过是对存在着的现实给予理论上的认可，从而使表明民族基本特征的定义避免了任何局限性。

（写于 1981 年）

---

① 《毛泽东选集》第 3 卷，人民出版社 1970 年版，第 1108 页。

② 1986 年 4 月，《民族研究》杂志社开了一次关于民族定义的专题学术讨论会。我在发言中对为什么应将风俗习惯列为民族构成要素问题作了这样一点补充：对于欧美各个工业文明较为发达的民族来说，风俗习惯的共同性可能并不那么显著而重要，但就许多经济、文化发展较为落后，处于农业文明社会的民族来说，把风俗习惯列为一个构成要素，作为一个共同特征就显得十分必要了。

民族同化问题的几点思考

——读《中国大百科全书·民族卷》“民族同化”条有感

近读《中国大百科全书·民族卷》“民族同化”条，深觉提法比较严谨，文字颇为精练。美中不足的是过于简略，言未尽意或意有未尽。从条目解释全文来看，叙述历史事例的文字几乎占了一半，这样理论就不免显得单薄。总的说，如果篇幅给的稍多一点，撰写时能够稍微放手一些，就更可满足读者在学术上深入一步的要求了。

《大百科全书》不同于名词解释，有别于普通字典、词典；也不是一般的辞书，而是高层次的辞书。按严格要求，它应具有参考书性质，比较全面系统，解说详细。而《中国大百科全书·民族卷》“民族同化”条约950字，要求撰写者在如此篇幅内对如此重要的条目做到解说详细是不现实的。当然，我们不是说字数越多越好，也不是要求解说内容包罗万象，面面俱到。《大百科全书》内容应有严格的科学性、相对的稳定性，不应有任何随意性，不能写成问题的争鸣与讨论。如前所述，笔者认为美中不足之处是过于简略，原定篇幅似嫌不够，未能将必要的内容交给读者，没有做到麻雀虽小却是五脏俱全。

马克思列宁主义关于民族同化的理论，应当是发展的科学。马克思主义创始人对这个问题作过一些原则性的论述。在深入学习这些论述的基础上，我们有责任根据客观实践提供的材料，进一步展开探讨，丰富它的内容。“同化”是古今中外皆有的现象，从民族产生之时起即已发生。当今世界各国之内，民族间的同化现象普遍存在。它在社会主义国家中也是一个现实的民族过程现象，并具有一定的敏感性，是民族理论学科中一个值得研究的课题。笔者读《中国大百科全书·民族卷》有关条目后有所思考，愿与同行交换一些不成熟的看法。

一

两种同化各有什么特点和表现？

民族同化区分为“自然”与“强迫”两种，一向不存在什么异议。但我们对两种同化的涵义、表现、特点、结果等问题，在理论认识上仍有待深入。

“自然同化”不凭借暴力与特权，是在民族间和平条件下不知不觉地演进的。其表现特点，用汉语的“潜移默化”这个成语来说明可谓最为恰当。这个过程是相当漫长的，要经过几代以至一两个世纪的时间才能完成。如我们所知，自然同化表现为一个民族接受先进民族的经济生活、语言文化、风俗习惯、宗教信仰，以及和后者通婚等方面，最后使本民族丧失原有主要特征，变成另一个民族。有的是若干民族长期和睦共处、相互影响、自然同化，形成一个非甲非乙非丙的新的民族。美利坚民族、瑞士民族可说即属此例。

《中国大百科全书·民族卷》“民族同化”条说：“强迫同化是以被同化民族遭受很大的痛苦和牺牲作代价的。”这句话有两点值得商榷。

第一，原意本来是指被压迫被同化民族所遭受的灾难，但按这句话的语法和语意来看，却成了实行强迫同化的一方付出了代价。这显然不是撰写者的原意。笔者认为，如果把“作代价”三个字换成“为前提”，文意就更加清楚确切，不致造成模糊和误解了。

第二，这句话包含有压迫民族统治阶级实行的强迫同化政策可能达到目的之意。笔者认为，尽管强迫同化依靠特权与暴力，施行强制手段，但除个别民族可能基本被同化外，一般说来是不可能实现的。在论及强迫同化时，这一层意思必须强调。

对于强迫同化政策下所表现出来的现象，我们也可以借用汉语中的一个成语——“貌合神离”来说明，即被压迫民族可能慑于一时暴力，改从压迫民族的语言与某些风俗习惯，然而心理抗拒始终不会泯灭。压迫民族统治阶级可以禁止被压迫民族使用其语言，强迫后者改变衣着服饰、居住、饮食等生活习俗，却永远无法磨灭被压迫一方的民族意识。“民族”这个人们共同体，素以顽强抗拒同化著称，要以特权和暴力强制手段来消灭一个民族是根本不可能的。中外历史上有许多事例可以说明这一点。

清代初期，满族当权者企图强制汉族满化，但事与愿违，终告失败。国民党统治者对中原苗、瑶诸族采取几近灭族的强迫同化政策，从行政手段直到施加暴力无所不用其极，也从未奏效，苗、瑶诸族仍在逆境中生存发展。

中世纪在欧、亚、非广阔地域称雄一时的奥斯曼帝国，对境内诸族特别是不信仰伊斯兰教的民族在宗教、语言等方面实行强迫同化政策，其结果正如斯大林所说：“土耳其的同化主义者（所有同化主义者中最残酷的一种）蹂躏和摧残巴尔干各民族达几百年，但是他们不仅没有能够消灭这些民族，反而不得不投降了。”① 此外还有美洲印第安人的例子。这些土著居民在遭受驱逐、屠杀、强制同化的压迫下，仍然顽强地生存下来了，到20世纪人口且有增长。除一部分移居城市的印第安人的生活已逐渐现代化，基本自然同化于白人的情况外，其余部分都可视为反抗强迫同化政策中的幸存者。当然，以马克思主义的观点来看，印第安人的生活走向现代化是一件好事，但必须排除对之实行强迫同化政策这个因素。

以上关于自然同化的特点与表现，说明这种同化现象具有历史进步意义；而强迫同化政策之不可能实现，则从一个侧面说明了“民族”这个人们共同体具有极大的稳定性。

二

“自然同化”是否只是先进同化落后，发展先进的民族就完全不会受到被同化民族的影响？笔者认为，在论及自然同化问题时，对此也必须作

① 斯大林：《民族问题和列宁主义》，载《斯大林全集》第11卷，人民出版社1955年版，第299页。

出回答。

如前所述，自然同化通常都表现为发展落后的民族接受先进民族的语言与文化，丧失本民族的特征，即溶解于较其先进的民族之中。这是基本事实、主要表现，公认的理论。但在同化其他民族的过程中，发展较先进的民族也会受到落后民族的一定的影响。所谓影响，是指接受被同化民族中一些进步的、有益的东西；其中有的经过改造、提高，成为先进民族的文化的一部分。历史上，我国北方和西北有一些民族、部落先后进入中原，逐渐为汉族所自然同化，不复存在了。它们接受了汉族的语言、经济与文化模式，但汉族吸收这些被同化民族中有益的东西也很不少，从而大大丰富了自己的文化。众所周知，其中有作物栽培、生活用具、乐器和舞蹈艺术等等。今日美洲各白种民族文化中，同样吸收了印第安人的优秀文化、非洲黑人文化特别是音乐的某些成分。

此外，我们还能看到，在特殊的历史环境中，先进民族中的一部分基本被在发展上较自己落后的民族所同化的事实。这虽属局部现象，但也能给我们一些启示。20 世纪 60 年代初，笔者就曾在四川大凉山原西康省属彝族地区见到一些被同化了的汉族成员。在云南边陲民族杂居地区，在南方滨海诸省，历史上由于战争、移民、迁徙，以及谋求生计等原因，不少汉人消融于当地某一少数民族之中，变成了另一个民族。有的学者指出，我国各个少数民族不管人口多么稀少、多么后进，都曾吸收、容纳包括大量汉人在内的其他民族成分，并且认为："从数目上讲，少数民族中的汉人成分，未必低于汉人中的少数民族成分。"① 在我国条件下，一般说来，大凡发展较先进民族的成员在某地居于少数时，便可能被自然同化、消融。

以上两种现象说明，民族的先进与落后是相对的。发展落后的民族，不是在一切方面、所有事物上都落后。"古往今来每个民族都在某些方面优越于其他民族。"② 这是马克思主义的真理。认识上述两种现象，有助于我们消除民族偏见和民族隔阂，克服大民族优越感，发展社会主义民族关

① 贾敬颜：《历史上少数民族中的汉人成分》，《思想战线》1989 年第 3 期。

② 马克思、恩格斯：《神圣家族，或对批判的批判所作的批判》，载《马克思恩格斯全集》第 2 卷，人民出版社 1957 年版，第 194 页。

系；而我国汉民族和各兄弟民族唇齿相依，不可须臾分离的关系，也从中获得了历史的、理论的阐明。

三

在多民族的社会主义国家里，是否存在自然同化现象？不必讳言，“同化”这个词在我国社会中有时是一个相当敏感的字眼。有的少数民族的成员在这个问题上有所疑虑是可以理解的。

我国社会主义经济、政治、文化和新的族际关系的形成与发展，异族通婚的增多，使各民族进入了一个日益接近、了解和交往频繁与相互影响的时代。在这种情况下，可以说，各民族间的自然同化现象无时无刻不在“悄悄”地发生。这既表现为原先发展比较落后的民族接受发展较为先进民族的文化，也表现为后者对前者某些风俗习尚、节庆礼仪、文学艺术等等的理解、适应、接受和兼容并蓄。所谓“悄悄”地发生，也就是“潜移默化”，心理上的契合。但是，应当明确，在这个过程中，不存在谁同化谁、谁“吃”掉谁的问题。笔者认为，在我国条件下，说明这一过程（自然同化）的最恰当的用语是“社会主义共同性”。它包含这样两层意思：一方面，各民族相互影响与自然同化，在政治、经济、文化以及心态上产生了某些共同性；另一方面，各自又仍然保持着原有的特征，作为单一的族体存在，并已取得走向发展繁荣的社会条件。这种“社会主义共同性”的产生与发展，是新型民族关系发展的必然，是具有深远意义的历史进步现象。

列宁在他的名著《关于民族问题的批评意见》的第三节，意味深长地用了“民族主义的吓人字眼——‘同化’”这样一个小标题，论述的内容实际都是自然同化问题。我们仔细阅读这一节，就能从这个小标题中得到深刻的理论启示。

列宁指出，崩得民族主义者，无视在资本主义条件下民族接近和民族界限磨灭的趋向，反对各民族工人组织的统一，并且似乎振振有词，用“同化”这个字眼来吓唬人，但民族间的自然同化却是一个必然趋势、客观事实和进步的现象：在美国纽约州是这样；在俄国乌克兰和俄罗斯两个民族间也是这样；住在世界各文明国家中的犹太人都是“生活在高度‘同化’的条件下”。列宁说，马克思主义者不会受资产阶级民族观点的限制，他们肯定具有极大历史进步意义的自然同化。在整个一节文字中，列宁以精深的理论，无可辩驳的事实，犀利的笔触，嘲笑了崩得分子关于“同化”的吓唬和叫嚣。

民族理论工作者都熟知，也就是在同一著作的第四节批判“民族文化自治”时，列宁针对自然同化问题，阐述了一个马克思主义的原则：“无产阶级不能赞同任何巩固民族主义的做法，相反地，它赞同一切帮助消除民族差别、打破民族壁垒的东西，赞同一切促使各民族之间的联系日益紧密和促使各民族溶合的东西。”① 这一段话，对我们正确理解我国条件下民族间自然同化现象——“社会主义共同性”的产生，无疑具有理论指导作用。在开展马克思主义民族观教育时，我们应提倡把列宁《关于民族问题的批评意见》一文列为必读书目，特别是要学习其中一些重点章节。

① 《列宁全集》第20卷，人民出版社1958年版，第18－19页。

“民族素质”原论

“民族素质”是民族理论学科中必须研究的课题。民族素质与现代化关系至为密切。笔者认为，在“现代化”概念中，应将“民族素质”这个内容包括进去。民族是推进现代化的主角：不提高民族素质，没有良好的民族素质，就不会有国家的现代化。这一点在欧美诸发达国家都表现得较为明显。当今世界，不同国家的国力较量，民族素质也占有重要位置。

“民族素质”是一个综合概念。一个民族在自身生存发展、参与社会活动、创造历史方面所具有的内在条件的总和，构成该民族的素质。具体地说，“民族素质”包括人口素质、文化素质、社会—政治素质、心理素质等四个基本要素。不同的民族，其素质水平呈现出程度不同的差异。本文拟就我国主体民族即汉民族素质的历史特点和现状作一个粗略的考察；在一些问题上与欧美诸发达国家的民族试作比较；同时对提高民族素质若干构想略抒己见，期望得到专家和同行的批评指教。

人口素质

人口素质是民族素质的基础，指的是自然生态，即种的繁衍、数量、体质、智力、人的平均寿命等。但又不仅指自然生态，这包括作为社会意识形态的生育观。每个民族的人口现象及人口素质，都是一定的社会制度的产物；人口素质不因种族与肤色的不同而有什么先天的“优”“劣”之分。

人口数量，为一个国家的国土面积、资源、生产力状况，即可提供的养育能量等因素所制约，不宜超出这些条件所能容纳、承受的限度。世界大国之一的苏联，国土面积2240万余平方公里；1989年总人口2.87亿。除中亚和高加索地区外，其欧洲部分人口增长率很低。至今尚无失业现象，部分地区还短缺劳动力；在一些加盟共和国，多生子女者仍被授予“母亲英雄”称号。反观我国，国土面积960万平方公里左右，不及苏联的一半；人均占有耕地一亩稍多；而1989年人口已达11亿，接近爆炸点；失业者数字颇大。人口数量的饱和状态，给国家建设和国民生活带来了严重困难，不利于提高人口质量。

我国人口多，现在平均寿命和发达国家如日本大体接近，但国民体质并不佳。体质的强弱与好坏，有先天的遗传性因素，但主要决定于后天的养育，一个国家所具备的经济、文化条件，此外还或多或少受到饮食结构以及地理环境的影响。一个民族体质的强弱，对它自身的存在与发展、国力等有多方面的影响，例如，在与他国交战中，在体育领域，表现就很明显。我们这个世界上的人口大国，却未能在许多体育项目中成为强手，人口素质特别是体质差是原因之一。而美、苏成为体育强国亦非偶然，民族体质较好是其中一条。

一般说来，在西方工业发达国家，民族的文化素质较好，生育率却偏低；在我国和一些发展中国家则相反，民族的文化素质较差，生育率却很高。这里面有一个生育观的问题。中国、东方与欧美、西方迥然不同。汉民族社会封建意识严重遗存。过去，在小农经济、愚昧落后条件下，由于封建思想作祟，加上生产力低下对劳动力的需求着眼于数量，人们生育观一向都为多子多孙多福多寿、传宗接代、“不孝有三，无后为大”等古训所支配，但对优生优育优教却知之甚少，无力多加考虑，旧时亦缺乏优育的物质条件，因而几乎是任其自生自灭；人口出生率高，婴幼儿及儿童死亡率也高，人的平均寿命则很低。这种传统的生育观，至今在城市已有所改变，在农村则仍有很大影响；计划生育阻力不小，人口素质以至整个民族素质都难以提高。显然，要根本改变传统的民族生育观念，还需要付出很大努力。

反观西方一些工业发达国家，由于婚姻、家庭、幸福观与中国和东方不同，生育观也有很大差异。多数家庭不愿多要儿女。高水平的生产力对劳动力的需求也不是多多益善。因此，它们的人口数量和国力大体相当，如英、法人口长期稳定在五千万左右；人的体质、民族素质都处于较好状况。西方人的生育观，无疑有可供我们借鉴之处。

此外，多民族国家如苏联，提倡异族通婚。这个做法值得参考。我们对此也应采取鼓励政策。这既有利于提高各民族人口素质，又有助于发展民族团结合作关系。

文化素质

相对于民族的人口素质、自然生态来说，民族的文化素质可名之曰质的生态。它是民族素质中的核心要素。主要包括教育程度、知识水平、道德风尚、科学技术、劳动本领等五个方面的内容。以下只就前三项略作论述。

教育程度与知识水平密切联系，但二者不是相等同的关系。在发达和较发达国家，民族的文化素质的形成、发展、提高，一方面体现在教育普及，民族成员中能按幼儿、初级、中等以至高等顺序接受正规教育的人数较多，文盲较少；另一方面是在受完学校教育后，文化生活之继续，文化素质之提高，方式与途径又多种多样。例如通过劳动、职业训练；经常性自修；业余、函授、电视、老龄教育；广泛的多层次的社会文化艺术生活；体育活动；以及旅游和其他社会实践等等，使知识面不断扩大，在广度与深度上充实和超出所受各级教育。此外，一个民族的某些成员虽未受过完全的正规教育，但通过职业实践与自学等途径，亦可获得不少以至丰富的知识。

由此可见，知识水平与教育程度是两码事。在学校接受教育的时间有限，仅约占一个人生命的四分之一到五分之一；而通过各种途径获得和增长知识，提高民族的文化素质，则在一个人大半生中几乎是无限度无止境的。诸发达国家的经济、文化条件，也为此提供了方便。

反观我国和一些发展落后国家的现状，首先是民族成员中与教育绝缘者较多，文盲充斥，能够接受各级学校正规教育，顺序发展成长者仍属少数，甚至是极少数。在我国，6～14岁儿童在校率，1987年仅为76.7%，这说明初等教育普及率也是低的。在20～24岁人口中的大学生，1985年仅为1.7%，列世界137个国家和地区中的第110位左右。迄今为止，我国文盲、半文盲数高达2.2亿，为全国总人口的五分之一。仅此三个数字，就很能说明我国教育落后的状况。另一方面，在接受不完全的、有限的正规教育之后，除经由职业与生产实践继续获得一些知识外，享受文化生活，提高文化素质的机会、途径和条件也较少、较差，有的地方（例如边远农村及边疆民族地区）甚至几乎等于零。

现时在我国，撇开民族成员中的一般平民不论，即使就受过不同程度正规教育的知识分子阶层而言，知识水平的增长、文化素质的再提高，也不免受到一些客观条件限制，同欧美诸发达国家相比差距很大。在这些国家，就一些大学情况来看，知识分子待遇较高；举凡学术休假、交流、参观、调查，现代信息网络，以及著述出版比较方便等等，都是现代民族不断扩大知识面、提高文化素质的良好途径。而我国知识界的情况则是：收入低，社会及家庭文化设施差，甚至个人购置书刊也甚感拮据。尤其是承上启下、重任在身的中年知识分子，家庭负担重，家务缠身，体质与精力大受影响，有的未老先衰以至早逝；提高文化素质，客观限制不少，连自然生态亦至堪忧虑！

综上所述，在我国谈论提高民族素质，当务之急自然是普及与发展正规教育。与此同时，还必须在发展经济、文化的前提下，创造条件，广辟途径，努力普及和发展社会文化生活，与正规教育相辅而行，借以提高全民族的文化素质。

在民族的文化素质构成中，道德风尚是一个重要因素。一个民族的道德风尚，即人与人之间、社会生活的行为规范形成于后天，是社会制度与环境的产物。主要形成因素是民族文化传统，特别是风俗习惯，宗教信仰，乡规民约，同时亦受教育程度、知识水平等文化素质的制约。

在发达与较发达国家，民族的人口、文化素质一般说来较好，道德风尚亦有不少可取之处。但是，高度发达的物质文明，在社会道德方面也带来了一些严重问题，十分令人困惑。

发展中的落后的民族与国家，在道德风尚方面都具有自己的特色和许多优长之处。现在我国的社会风尚、道德观念，正处于新旧激烈撞击的态势。树立社会主义的新风尚，不是朝夕之功；而某些优良的古朴之风、原有美德又未得到应有的重视和发扬。近年来，与不正之风和腐败等恶习相伴随，甚至出现了一些社会风尚、伦理道德败坏退化的现象。如此现实情况，同样令人困惑，忧心忡忡。

从理论上说，我们在建立新的社会主义道德的同时，对民族传统道德应当采取的正确态度是“扬弃”两个字，即既有批判、剔除，又有吸收与继承，对合理内核的发展和提高。但是，从实践来说，要圆满做到这一点却实非易事，难度很大。而且，笔者认为，不论是我国、其他发展中国家还是诸发达国家，都不同程度地面临同样一种挑战。这就是：特质文明臻于发达，社会伦理道德现象在某些领域却不一定与之成正比、同步前进。如何使商品经济秩序与社会伦理道德观念二者极其和谐地协调发展，齐头并进，相得益彰，这是提高民族的文化素质问题中一个非常深奥、复杂的题目。笔者在这里也只是提出疑问，无力作出什么回答。

民族素质中的一个重要课题，是提高农民的文化素质。

在欧美诸发达民族和国家中，农民一般已成农业工人；农村在一定程度上已城市化；城乡、工农文化水平差距有逐渐缩小趋势。在我国，农业人口仍占大多数，农村严重落后于城市，城乡、工农差别仍很悬殊。由传统民族心理产生的许多愚昧落后现象，诸如：受封建生育观支配，计划外生育数多，人口膨胀，文盲、半文盲及弱智儿童多，学龄儿童失学率及学生流失率高，占用良田为活人造坟、厚葬，婚丧诸事挥霍钱财，买卖婚姻、近亲结婚，封建迷信复燃，赌博，以及遗弃女婴等等，迄今在广大农村似已司空见惯。因此，如果说在我们这个古老民族的农村中，还有一部分居民尚待完成由愚昧到开化与文明的历史性转变，那也绝非夸大其词。

值得注意的是，改革开放以来，中国大地上刚从小农经济转轨过来的一些农民，传统心理意识也已出现某些变化。在通过从事商品经济致富起来的农民中，有的已开始有对文化教育、艺术生活、体育娱乐等精神生活的追求、参与和投入；古老民族还开始有了农民企业家、科技专业户。尽管这些新事物还很微弱，只是初露苗头，但我们有理由可以说，若善于引导，助其发展，这必将成为对振兴民族、实现国家现代化具有启蒙和开拓意义之举。在小农经济和小农意识曾经是汪洋大海的古老中国，八亿农民传统落后心理的改变，现代化意识的萌发，文化素质的提高，在一定意义上也将意味着民族性的改造，全民族素质的优化。因此，笔者认为，“严重的问题是教育农民”这句话至今仍属至理名言；我们在以农业为基础和发展农业生产的同时，必须重视改造农民的素质；在促进农村现代化的进程中，它们是一件事的不可分割和相互制约的两个方面。

社会—政治素质

所谓社会—政治素质，是指一个民族在社会、政治方面的觉醒和成熟性（或成熟程度），以及由此而产生的活动能力和它对创造历史所起的作用。

学者论述民族素质，一般只谈人口、文化素质，有的兼及心理素质，而对社会—政治素质则多所忽略。但现实情况却是，任何一个民族，总是置身于一定的社会结构、政治活动中的群体，有的基本上是一个民族建立一个国家。就是在多民族国家里，民族因素——各民族的社会作用及不同民族的关系——也明显地从社会结构和政治活动中反映出来。因此，讲民族素质而忽略社会—政治素质这个条件，不能不说是一个理论上的缺陷。

在欧美诸发达国家中，其主体民族在社会、政治方面成熟性都较高，素质较好，表现得很明显。这些国家的民族对世界的一个贡献，即在建立起高于封建社会的、大大前进了一步的资本主义社会形态。《共产党宣言》指出：“资产阶级在历史上曾经起过非常革命的作用。”“资产阶级在它的不到一百年的阶级统治中所创造的生产力，比过去一切世代创造的全部生产力还要多。”《共产党宣言》又说，资产阶级在它“发展的每一阶段，都有相应的政治上的成就伴随着”①。我们知道，在西欧，有英国的产业革命、政治革命；法国的启蒙运动、典型的资产阶级民主革命、著名的《人权宣言》原则；还有德国的宗教改革；意大利的文艺复兴。在美洲，有美

① 《马克思恩格斯选集》第1卷，人民出版社1972年版，第253、256、252页。

国的独立战争、南北战争、开发西部，以及随之确立的具有代表性的宪政机制、典章制度。东亚国家日本的明治维新，也属于欧美类型。这些社会、政治事件和成就，是诸发达国家的民族登上政治舞台，在社会职能方面趋于成熟，发挥重要作用，成为各自推进本国近代化、现代化主角的显著标志。在此一历史过程中，这些民族不仅推动社会向前发展，又进一步增强了民族的凝聚力及其自身的素质。

在我国，就汉民族社会—政治素质的形成与发展而言，呈现出曲折复杂的情况，需要对各个不同历史时期略作回顾。

在进入近代时期以前，在封建社会条件所能达到的范围内，汉民族社会—政治素质可以说是较为成熟的，它在经济、文化、国家体制、典章制度、民族关系上获得了多方面的发展，表现了颇大的历史创造力，并以在某些领域（如科技）的领先地位、一定时代（如汉、唐王朝）的灿烂文化而活跃于世界舞台，为西方民族和国家所广泛瞩目。

降至近代一百年间，汉民族社会—政治素质始终呈现着动荡和曲线式的发展。通过历次抗击外国殖民主义和帝国主义侵略、太平天国革命、洋务运动、文化启蒙、戊戌变法、辛亥革命、五四运动，以及新民主主义革命的发轫，觉醒中的汉民族的社会—政治素质多次显示了活力。随之而来的30—40年代的伟大抗日民族解放战争，更使民族素质在战火中受到洗礼和铸炼，得到空前发展，集中体现了社会—政治素质在这一特定历史阶段的成熟性。

然而，由于封建社会长期延续所造成的沉重历史包袱，以及其他原因，尽管文化启蒙、戊戌变法、辛亥革命、五四运动都显示了可贵的民族觉醒，却未能根本改变半殖民地半封建地位，创造出一个新式的近代国家。这说明汉民族社会—政治素质虽然不断在发育，同时却又显得软弱无力，尚未趋于成熟，还缺乏深厚的基础。

20世纪40年代末新民主主义革命取得历史性胜利，新中国的建立，标志着中华民族在社会—政治素质方面的成熟过程发展到一个新阶段。但是新中国建立以后特别是“文革”期间，在特殊的人为的条件下，民族的社会—政治素质受到严重挫伤；加上旧时农业文明、小农意识、封建宗法关系形成的民族性的某些弱点（如自大、忠君、封闭性和狭隘性等）又沉渣泛起，来了一个大暴露，封建的东西和被严重歪曲了的社会主义概念自然“联姻”，结果造成了社会、政治的大动乱大破坏大悲剧。直到70年代末、80年代初实行改革开放，才使民族和国家开始恢复元气。今后，我们这个伟大民族能否自己独立地闯出一条面向世界、走向世界的社会主义道路，能否最终摆脱老化、衰颓的农业文明，代之以现代工农业文明，在很大程度上将取决于民族的社会—政治素质能否趋向于高度成熟，发挥重大的历史作用。为此，我们对全面提高整个民族素质的努力，应当使之贯穿于社会主义初级阶段的始终。

心理素质

民族共同心理素质这个术语，学术界习惯用法不一，有心理素质、心理状态、国民心态、民族性格、国民性、民族性、民族精神、民族意识，等等，而以使用民族性格、国民性和民族性最为常见。

共同心理素质是维系一个民族的强有力的精神纽带，是民族诸特征中最活跃、最有生命力的持久因素。在民族素质构成中，心理素质是很重要的一个组成部分。如人口素质中的生育观，文化素质中的道德观念，社会—政治素质中的民族觉醒意识，都属心理素质表现并受其制约。

民族心理素质复杂而又深邃，似抽象而实具体，可以捉摸。分析和透视一个民族心理素质的形成和特征、历史和现状，可以看出它对现代化适应、承受、参与和推动的能力，以及如何改造民族心理素质或民族性的消极方面。本文这一部分不是全面论述，仅就民族的心理素质、价值观念中与国家现代化进程关系至为密切的诸多问题择要略作探讨：一是民族自信心；一是民族心理中的法治意识；一是关于民族现代化的文化构想。

20世纪80年代以来，古老民族踏上了现代化征程。从心理状态看。中华民族正在实现由封闭到开放、由僵化到改革、由保守到进取的转轨。这无疑是国家现代化和提高民族素质进程中首要的一着，具有战略意义。在改革开放的今天，人们开始懂得商品经济的重要性，有了为迈向现代化所必需的开拓与竞争意识。这是主流。但是，这一转轨，毕竟是在封建的、半殖民地半封建的以及被严重扭曲了的社会主义社会新旧杂陈的基础上开始的。可能是由于物极必反的效应，刚从盲目自大、封闭自守等偏狭意识中摆脱出来的民族，似乎又为另一种极端倾向——民族自立精神和自尊心的失落所困扰。比如，一些人鄙薄国货（即使质地优良），弃“土”就“洋”，从小轿车到一般水果必以“洋”为贵，争相进口，以及一窝蜂式的出国热现象，即其一例。这一类现象，暴露了民族性方面的弱点，是在新的历史条件下民族自卑心理的表现。它说明，在坚持改革开放的同时，我们应当始终不忘激发民族自信心，发扬应有的民族自豪感，这是新时期提高民族素质方面不可忽视的心理建设。一个缺乏自信心和应有自豪感的民族，如同拒绝向别的民族、国家学习一样，都不可能走上现代化的道路。

在我国，推进现代化，提高民族素质，还必须实现由人治观念到法治意识的转轨。

欧美诸发达国家的历史表明，一个民族的法治意识如何，是衡量其素质特别是社会—政治素质的一个尺度。在近代资本主义制度确立和发展的过程中，从一开始就有以代议制为标志的、不断完善的、严格的法治制度与之相伴随相适应。这不仅有利于维护资本主义私有制，而且是出于资本主义生产的社会性，管理的科学化、制度化和责任制的需要。在美国，独立后，资本主义加速发展，从开国元勋华盛顿起始，便在总统任期原则、宪法制定与修正、国家结构方面，建立了一整套资产阶级民主与法治机制，并不断使之完善，从而造成长期相对稳定的局面，为建成现代化工农业强国提供了政治条件。西欧英、法、德、意、瑞士、丹麦等民族和国家，法治意识都很浓厚，同样说明了没有法治制度就不会有现代资本主义。

反观我国，封建社会长期延续，小农经济和宗法关系、家长制，臣以君为纲，皇权主义，在民族心理中造成了人治的传统观念。治人者或视法为敝屣，或弃法于不顾；久而久之，治于人者特别是庶民亦安之若素，以民主、法治为奢求为非分，习惯寄希望于好皇帝、清官、善心的军阀、公正的士绅、贤明的长者和英明的领袖，以及海瑞、包拯再世。因此，法治意识、民主机制一直得不到生长、发育的阳光和土壤，阻碍了社会发展和民族与国家的现代化。仅就新中国建立以后中间一段历史来看，即已表明，人治观念是民族社会—政治素质中的痼疾，是民族性中一个致命的弱点。

值得提出的是，改革与开放以来，人治观念已有所淡化，法律观念、法治意识已在商品经济活动及人们对改革政治体制的迫切期望中开始萌芽。现在，身居乡村的农民，有的也懂得做生意碰上纠纷需要去找律师打官司。在社会生活的各个领域中，个人和集体为维护自身权益而求助于法律和诉诸法庭的意识正在增长。应当看到，人治观念开始动摇，法治意识进入民族心理，并逐渐普及于广大成员，在我国历史上是具有划时代意义的事，它无疑是民族的社会—政治素质优化与提高的重要表现，对国家的现代化必将产生深远影响。当然，还必须明确，公民的法治意识的觉醒，只是事情的一个方面；最根本的是要把对国家的治理置于严格的法制基础之上，做到法大于官、法高于党，而不是相反。这就是现代法治国家在民族心理方面的全部要求。

欧美诸发达民族在物质、文化生活上有一种永不满足、刻意追求的精神，中华民族的传统心理却是安贫乐道。这是一种有关人生幸福观、价值观，并能影响社会发展的意识形态。20 世纪 30 年代林语堂在他所著的《中国人》一书“中国人的性格”一章中，说到外国访问者都“无不为中国劳苦大众低劣的生活水平所震惊”，而“中国人在这种条件下居然颇感快乐和满足”。林语堂进而指出：“西方人寻求幸福的态度是积极的。中国人的态度却像犬儒主义那样消极，幸福最终总被降低到个人基本生存需要的水平。”这一段论述，无疑是对古老民族的传统幸福观、价值观的批判与否定。所谓“犬儒主义”，就是安于衣食简陋、生活刻苦，独善其身而无所求的苦行。由于对物质生活几乎无所求或只求做到维持生命，也就不会有多大的发展物质、文化生产的欲望和动力，因而社会也基本上是保持一种简单再生产的近乎停滞的状态。这种幸福观、价值观当然是不可取的，它违反人的本质要求，不符合人类社会发展的规律。

改革开放以来，人们当然不会再有以穷为光荣的荒唐心理。从宏观来说，中华民族既不能丢掉勤俭节约的传统美德，也不能止于安贫乐道的传统消极心态的改变，还应当有自己的抱负理想，在幸福观、价值观上悬以远大而崇高的鹄的，提倡一种“文化福利主义”。这个词确系笔者杜撰，但它是可以成立的，至少在没有更好词汇以前不妨使用。“文化福利主义”，意指在丰富的物质生活之外，人更需要有高层次、全方位的文化享受，概括地说就是情趣高尚、五彩缤纷的文化教育、文学艺术、科技知识的生活。这种生活应当深入到每一个家庭，普及于全民族成员而非仅为少数人所专有。这是提高民族素质的宏观构想。它将意味着每个民族、全人类社会从物质的必然王国走向精神的自由王国，从而达到人自身的完美。这样一个宏观构想，对欧美诸发达国家和民族来说，也只是正在起步。对于经济、文化还严重落后的我国来说，当然第一步主要是解决民族的贫穷问题，第二步才是指向这个需要长期奋斗才能达到的宏伟目标。

民族素质问题，包含物质因素和精神因素两个方面。提高民族素质的途径，用当今我国的提法来说，就是物质文明建设与精神文明建设并举。近年来，忧国之士有感于国家经济、文化严重落后，展开了“球籍”问题的讨论，以危机意识来唤起振兴民族和国家的紧迫感，指出若不急起直追，即无法立足于地球，或不够格成为地球上之一员。这个讨论使国人如服一副清醒剂。与“球籍”讨论同理，笔者认为，从民族角度来说，我们也面临一个世界性“族籍”问题。只有怀具强烈的忧患心理、危机意识，以及改造与提高民族素质的紧迫感，才能使我们民族成为推进国家现代化的主角，跻身于世界文明发达民族之林，对人类社会有所贡献，否则即无立身之地。研究民族素质问题的现实意义，也正在于此！

（写于 1988 年）

略论民族文化的全民性与整体性

——对“两种民族文化”论的再认识

“文化”一词，涵义广而且深。说来令人难以置信，学术界至今对它并没有一个圆满的一致的界说，只存在一个为多数人所公认的大的概念——“文化”是人类社会发展过程中创造的物质财富与精神财富的总和。按此概念，一般认为“文化”有广、狭二义。广义的文化就包括物质的与精神的两大类。狭义的文化即指精神文化，它包括社会、经济、政治、法律、军事、哲学、科学、教育、道德伦理诸领域中思想意识形态和相应的制度与组织，以及文学、艺术思想和产品。在不少文化门类中，还存在着物质因素与精神因素二者兼备的现象，例如衣、食、建筑艺术、雕塑、乐器与音乐，等等，既包括物质构成，又是精神的（思维、设计、规划等脑力活动）产物。

为了更加明确认识“文化”的内涵，我们不妨将它大体区分为不同的门类，这至少有如下十余种：语言文字、物质生产文化、衣食住行文化、科技与教育文化、军事与兵器文化、医药文化、婚丧嫁娶文化、节庆礼仪文化、文学艺术（在文化中占很大分量和重要位置）、建筑风格、体育娱乐与旅游文化、宗教文化、名胜古迹文物，以及其他风俗文化。这些都是人们公认的、经常提到的文化门类。此外还可以加上被人们忽略了的“国家管理文化”，以及新兴的“信息文化”。

世界上没有无文化的民族，不具民族特色的文化也是不存在的。人类社会文化的多元性，除其他因素外，就是因为民族各异而有多种多样。所谓民族文化，就是一个民族的物质的和精神的文化模式，在一定意义上也可以称之为民族的生活方式或样式。

文化不仅表现一个民族的外在风貌，而且是它内在的“灵魂”。一个民族的成员的思维方式与行为方式，都受其文化模式的制约。

民族文化在本民族内部有巨大的凝聚作用，对别的民族又具有特殊的魅力，可以促进不同民族间的相互交流和心理感情的沟通。

文化使一个民族屹立于世界，在历史的舞台上显露自己多姿多彩的“个性”，形成自己的传统，同时丰富着全人类的社会生活。

每个民族的文化都有其“个性”，因此，一提到某个民族，除了外貌、体质等特征之外，我们面前自然就会展现一幅该民族所特有的文化图景。譬如说到蒙古族，其文化模式的图景就是：畜群、草原、牧歌、马头琴、蒙古包、烤羊肉、奶茶、摔跤、骑射、那达慕大会、喇嘛教、历史悠久的蒙古文字、当年叱咤风云的一代天骄成吉思汗……还有许多民族，几乎同它的某一两种风俗文化同义，例如藏族——哈达；傣族——泼水节；汉族——春节、雕梁画栋与亭台楼阁式建筑；回族——清真寺；苗族——芦笙歌舞；壮族——歌圩；白族——三月街；侗族——风雨桥；等等。这里列举的某一两种特殊风俗文化，对各该民族都具有一定的代表性或象征意义。世界各地的民族，也有与此类似的情况。

以上对文化与民族文化的涵义作了一个探讨。在这个问题上，有一点需要明确，这就是怎样认识文化的阶级性和民族文化的全民性与整体性。本文主旨即在于此。

学界人士都熟悉，列宁在《关于民族问题的批评意见》这篇文章中，论述了“两种民族文化”。列宁说：“每一个现代民族中，都有两个民族。每一种民族文化中，都有两种民族文化。”例如，在俄国，“有普利什凯维奇、古契柯夫、司徒卢威之流的大俄罗斯文化，但是也有以车尔尼雪夫斯基和普列汉诺夫为代表的大俄罗斯文化”。列宁还指出：“每个民族的文化里面，都有一些哪怕是还不大发达的民主主义的和社会主义的文化成分，因为每个民族里面都有劳动群众和被剥削群众，他们的生活条件必然会产生民主主义的和社会主义思想。”在这段话中，列宁用来说明“文化成分”含义的是“思想”一词，可见他所说的文化不是广义文化，既不包括物质文化也不是指全部精神文化，而是指思想意识、观念形态这部分文化。在列宁看来，区分两种民族文化的意义在于：一方面揭露资产阶级利用民族文化口号亦即资产阶级意识形态去影响和欺骗劳动群众，另一方面则是“要从每个民族的文化中只吸取民主主义的和社会主义的成分”，以便同“每个民族的资产阶级文化、资产阶级民族主义相对抗”。

20世纪初、十月革命前，列宁从资本主义俄国两大阶级对立和文化思想领域矛盾冲突的情况出发，在论述民族文化问题时不免有所偏重，强调了“两种民族文化”的一面。这未始不是一种带有时代色彩的阶级局限性。但有一点必须肯定，不应产生误解，即列宁的原意并非否定“民族文化”整体。这从下述列宁的论述中可以得到说明。

第一，也是在《关于民族问题的批评意见》一文中，列宁在与崩得分子李普曼论战时指出：“国际文化不是无民族的。谁也没有这样说过。谁也没有宣扬过什么既不是波兰的，也不是犹太的，也不是俄罗斯等等的‘纯粹的’文化……”[①] 这段话十分明确地肯定了民族文化整体的存在，指出国际文化也是由各个民族文化构成的。

第二，1920年，列宁在向俄共青年团代表大会演说时指出：“应当明确地认识到，只有确切地了解人类全部发展过程所创造的文化，只有对这种文化加以改造，才能建设无产阶级的文化……无产阶级文化并不是从天上掉下来的，也不是那些自命为无产阶级文化专家的人杜撰出来的……无产阶级文化应当是人类在资本主义社会、地主社会和官僚社会压迫下创造出来的全部知识合乎规律的发展。”[②] 列宁在这里没有直接提到“民族文化”，但显而易见，“人类全部发展过程所创造的文化”、人类在资本主义和封建社会中创造的“全部知识”，指的就是各个民族在几个不同社会发展阶段所创造的文化。我们可以说，人类社会全部文化就是各个民族文化的积淀与总和。

列宁关于“两种民族文化”的论述，对我们思考民族文化问题当然具

① 以上引证，均见《关于民族问题的批评意见》第二节“民族文化”、第三节“民族主义的吓人字眼——‘同化’”，载《列宁全集》第20卷，人民出版社1958年版，第4-14页。另见中国社会科学院民族研究所编《列宁论民族问题》（上），民族出版社1987年版，第225-235页。引证时参阅了近年校正过的译文。

② 列宁：《青年团的任务》，载《列宁选集》第4卷，人民出版社1972年版，第347-348页。

有启发意义，但在今天我们却不可“照本宣科”，而应重新加以认识。多年来，列宁这一论述对我国文化学研究影响很大；我们在学习和运用时，常有教条式的理解、机械地搬用的情况。例如直到80年代，在一般民族理论与政策教科书中，仍然是基本照引原文而不作具体分析。近几年来新编的民族类辞书“民族文化”条中，同样可能是根据列宁关于“两种民族文化”的论断，对文化的阶级性问题一般都如此表述：

例一：“在阶级剥削制度下，每一种民族文化中，都有剥削阶级和被剥削阶级两种对立阶级的文化，并为各自的阶级利益服务。”①

例二：“民族文化作为意识形态是一定社会政治、经济的反映，在阶级社会里每一种民族文化中都有剥削阶级的与被剥削阶级的两种文化，反映着两个对立阶级利益的思想。”②

从行文和语气看，《中国大百科全书》表述中所指的文化，有限定在意识形态与思想领域之意，这自然较《民族词典》表述为好。但是，就这两本辞书的基本提法来看，均较列宁提法有所过之。笔者认为，强调一下要用阶级分析观点来看待阶级社会中的民族文化事象，这是对的，但上两例所表述的内容，却不免有失于笼统与简单化，似乎每一种民族文化中都是两种阶级文化泾渭分明，各成一体，没有关联而互为壁垒，并不存在作为一个整体的民族文化。这是否符合民族文化这个复杂现象的实际呢？回答是否定的。在民族文化中，实际上存在这样两种情况：（1）一部分有阶级性；（2）大部分（包括物质文化以及精神文化的一部分）具有全民性。

就第一种情况说，一定的文化是一定的经济和政治的反映；在阶级社会里，凡是精神文化领域诸思想意识形态以及文学艺术的一部分，都不免带有阶级色彩。例如，我国封建社会中地主官僚提倡的“父为子纲、君为臣纲、夫为妻纲”的思想；“劳心者治人，劳力者治于人”的说教；某些宣扬剥削阶级思想意识与道德伦理观念的文艺，均属此类。这一点尽人皆知，看法不会有什么分歧。需要作一点分析的是第二种情况，即民族文化的全民性与整体性的问题。

---

① 《民族词典》编辑委员会编：《民族词典》，上海辞书出版社1987年版。

② 中国大百科全书编辑部编：《中国大百科全书·民族卷》，中国大百科全书出版社1986年版。

不论是阶级社会，还是已经消灭了剥削制度和剥削阶级的社会主义社会，民族文化中颇大的一部分具有全民性，乃是一个客观事实。例如，语言与文字既是民族文化的重要组成部分，又是文化的表现形式，但它是没有阶级性的。在文学与艺术中，相当一部分也没有阶级性，诸如许多民族都有的“创世纪”神话、传说、英雄史诗，民间文艺、歌谣与舞蹈，建筑艺术与风格，手工工艺，等等，不胜枚举。在我国，上千年流传下来的藏族史诗《格萨尔王》无疑是民族文化宝库中一份珍贵的遗产。在封建社会晚期产生的文学巨著《红楼梦》，实际是一部揭露封建地主官僚社会、反对封建礼教束缚意识很强的作品，当然应归入民族优秀文化之林，不可称之为什么封建主义文学。再举一个世界性例子，英国莎士比亚戏剧中所褒贬的许多人物，它所反映的真善美与假恶丑的对比，我们也作如是观，在我们也是可以接受的。正如中国的《红楼梦》等文学名著一样，作为英格兰民族文化，莎翁剧作也早已超越了民族、时代和国家的界限。总起来说，实际上，无论在中国还是全世界，文学艺术的民族性，也就是它的全民性，因为每个民族的主体都是人民群众。

我们还可以这样提问：一个民族的衣着服饰、饮食、居住等习俗文化，其自身又有什么阶级性呢？不同阶级在这些方面可以有或则奢侈阔绰，或则简陋朴素，亦即享受程度、水平与层次的区别，但在衣食住习俗文化上却是基本相同的，有着全民族的共性，不因阶级不同而存在本质的或属性的差异。又如一个民族的节庆礼仪和婚丧嫁娶习俗，尽管各个阶级会因物质生活水平不同而有些具体差别，但是不能因此否定它们的全民性。又如医药与科技的发明与应用，以及名胜古迹文物诸种文化实体，当然更不是一个民族中某个阶级所特有和专有的。总的说来，上文列举的衣食住等等文化和习俗，从来都属于民族文化的范畴，而不是什么阶级的范畴。质言之，即不是非此（剥削阶级的）即彼（被剥削阶级的），而是全民性的，没有阶级性的。历史唯物主义、民族学、民俗学以及考古学告诉我们，这些文化、习俗的产生、发展和演变，都只能从社会经济条件、人们物质与精神生活需要、群体与人际关系以及地理环境特点等因素中去寻找根源和线索，而不可能从阶级分野与对抗中得到什么科学的说明。

我国近年来新出版的民族类辞书“民族文化”条的释义中所指的文

化，涵义与范围是不明确的。它可以理解为包括物质文化在内的广义文化或“大文化”。如果是这样，那么民族文化依剥削者与被剥削者两个阶级来划分就根本不能成立了。物质文化门类甚多，项目繁杂，列举起来，挂一漏万，但有一点很清楚，即一切物质文化都是人类社会、各个民族在生存发展中一代一代创造与完善起来的；在阶级社会中是经过不同阶级和阶层的人们在错综复杂的、既矛盾又统一的社会关系中共同创造与完善起来的，绝非某一阶级所能单独从事。上面我们说到衣食住等文化、习俗无阶级性，这里再以有关“行”的文化为例。人类社会、不同民族从独木舟、桦皮船、独轮车、各种车骑、帆船、独木桥、溜索等等发明创造一直发展到近现代的庞大桥梁、轮船、汽车、火车、飞机与航天技术，乃是亿万人历经千百年劳动和不同民族间文化交流的结果。显而易见，门类如此繁多，产品如此光彩夺目，属于人类社会共同财富的有关“行”的文化和文明，如果以阶级属性来划分将是十分荒谬的。人们知道，俄国十月革命后，列宁以及斯大林曾经批评过革命队伍中的“无产阶级文化派”，这一派人要求建立“纯粹的”无产阶级文化，有的甚至认为在十月革命后不应保留过去俄国资产阶级留下的铁路，应当另建“无产阶级的铁路”，因此这些人获得了“穴居野人”的外号①。这个例子说明，用阶级区分来划定各民族创造的物质文化与文明的属性，显然不是马克思主义的观点；简单的阶级公式往往会造成思维与逻辑的混乱，以至把事情弄到荒唐可笑的地步。

退一步说，我国新编民族类辞书“民族文化”条中所说的文化，如果是仅指狭义文化即精神文化而言，那也是不尽适用的。上文我们已经指出，就精神文化而言，也并非全部都有阶级性，须作具体分析。这里再以宗教为例，也很能说明问题。民族宗教作为一种文化现象，情况较为复杂一些。就哲学观点上唯心与唯物、有神与无神的分野来说，不同阶级因经济地位和生活条件各异可能会有不同看法。再就有产者利用宗教来维护政治统治，或被压迫人民以宗教意识相号召进行革命斗争来说，也有着不同的阶级背景，反映了不同阶级的利益。然而，若就信仰某种宗教（对超自

① 参阅斯大林《马克思主义和语言学问题》，人民出版社1972年版，第13页。

然力量的崇拜）来说，却是一种全民性的普遍现象，剥削者与被剥削者毫无二致，“阶级宗教”之类的说法显然是不能成立的。世界三大宗教和其他一些影响较大的宗教，有的为贫民或知识阶层所创立；有的一经创立，下层贫民首先群起接受。这些宗教流传到世界各地不同民族之中，为各阶层的人所信仰，并且注入了本民族的特点；有的是另立教派，被纳入本民族的文化体系之中，成为一个重要组成部分。总之，不同民族信仰同一种宗教，同一个民族信仰不同的宗教，也最能说明宗教文化的全民性。

还需要明确，在全部文化中，精神文化是十分复杂的现象。其中，许多产品、事象最初都发源于民间百姓的创造，后来有不少经过知识阶层加工提炼而得到升华和丰富，其中有的且可能演变成宫廷、王室、贵族、有产者等上层社会少数人所独占和享用的文化（例如舞乐、药膳等等）；还有不少随着社会经济的变化发展而增添新的内容。这种错综复杂的关联，正是民族文化形成与发展中的必经过程和正常现象，它说明不可简单地以两个对立阶级来划分民族文化的属性，并从一个侧面揭示了民族文化的全民性和整体性。

此外，我们还可以从社会结构分为经济基础与上层建筑两个层次的角度来看民族文化的性质问题。在人类社会创造的文化财富中，不仅物质文化不属于上层建筑范畴，精神文化除政治、法律、哲学、道德诸社会意识以及相应的组织制度属于上层建筑范畴，在阶级社会中有一定的阶级性，并随经济基础的变化而变化外，有的或根本不属于上层建筑，例如语言文字；有的虽然在大的概念上可以归入上层建筑领域，但是却不会随经济基础的改变而急剧改变，具有相对独立性和稳定、延续、世代传承的特点，呈现一种虽有变化但是缓慢而不显著，同时也有发展或更新的状态，例如文学、艺术，科技、医药、体育娱乐文化，婚丧嫁娶与节庆礼仪习俗，建筑风格和宗教文化，等等。这些情况，同样有助于我们了解民族文化的全民性与整体性。

我国著名民俗学家钟敬文在他所著《闲话民间文化》一书中，也曾提出两种对文化的看法，认为：“在文化比较发展的国家和民族中，一般都存在相对立的上层文化与下层文化……这两种文化汇合起来，就构成了整个国家或民族的文化，也就是我们今天所说的民族的传统文化。”但是他同时又着重指出："世代生活在一个人们共同体里的人们的两种文化，彼此间存在着千丝万缕的关系。""在同一个民族里，这种分离着、差异着，乃至于对抗的两种文化，却又互相联系着、纠结着、渗透着，形成一个整体的民族文化。"① 钟老明确提出了民族文化的整体性，这样的观点，就比较辩证而全面，符合实际。

综上所述，可以明确指出，对于文化和民族文化问题，必须遵循具体情况具体分析的原则，不可一概贴上这个或那个阶级的标签。对纷繁复杂的精神文化现象来说，更是如此。我们对其中某些表现可以进行时代的阶级的分析，对精神产品创作者的世界观等等也可以作出历史的公正的评价，但不能简单地以剥削阶级的和被剥削阶级的来划分其属性。应该明确并肯定：民族文化中的全民性成分远远大于有阶级性的成分，作为一个整体的民族文化是存在的。苏联学者中有的也持这种观点。民族学家勃罗姆列伊认为："资产阶级民族内部存在着两种文化和这种民族的范围内存在一定的文化共同性（民族文化）是不矛盾。"② 这是一个实事求是的论断。

明辨民族文化的全民性和整体性，有助于我们正确对待民族文化传统），制定文化政策，清除"左"的流毒。在民族文化问题上，不应有虚无主义的位置，正确的是采取历史主义的态度。民族文化的产生、形成、发展演进与传承，也就是民族生命得以延续和发展的根基；我们的任务是吸取精华、剔除糟粕（合起来就是"扬弃"），继承、发掘、整理、弘扬民族文化的优秀部分，为促进民族现代化服务。在我国条件下，历史上剥削阶级的思想意识还有不少残留，但也在逐渐淘汰、清除之中；各民族中健康优秀的文化，都是整个社会主义文化的组成部分。无个别即无一般，没有前者（各民族的文化）也就没有后者（社会主义文化）。这是历史的辩证法。

民族文化在内容与形式上是统一的。这里需要谈一谈斯大林有关这个问题的一个提法。与列宁对"两种民族文化"的论述相联系，斯大林在论及社会主义文化时，有这样一个"公式"："内容是无产阶级的，形式是民

① 钟敬文：《闲话民间文化》，人民日报出版社 1990 年版，第 1、4 页。

② ［苏］勃罗姆列伊：《民族与民族学》，李振锡、刘宇瑞译，内蒙古人民出版社 1985 年版，第 110 页。

族的。”①社会主义和无产阶级文化的内容，通过一定的民族形式表现出来，这无疑是正确的。但斯大林的“公式”有两点值得商榷：（1）“内容是无产阶级的”这个提法不全面不科学，因为在社会主义社会（特别是前一阶段）还有不同阶层或社会集团存在，不能用“无产阶级”一词概括而尽，用中国的提法，即“人民大众的文化”可能是更为恰当的。（2）是否能说一切属于民族的东西都只能表现为形式或外壳，没有实在的内容？既是民族形式的又有民族内容的文化，是否根本就不存在呢？笔者认为不能这样看。例如许多民族的文学、艺术、音乐、舞蹈以及体育活动等等，无论就形式和内容来说都是民族的，也就是说，可以使用“民族文化”这一整体概念。这种在形式与内容上统一的民族文化，在今日我国条件下，其优秀部分无疑都组成为社会主义文化，都是为社会主义服务的。我们在对列宁关于“两种民族文化”理论进行再探讨的同时，对斯大林上述观点也必须加以分析，从而在民族文化的全民性与整体性问题上有一个全面的认识。

本文结束时，可作如下几点归纳：

第一，列宁在十月革命前数年（1913 年），主要针对俄国情况和崩得分子的民族主义言论，提出了“两种民族文化”的论断。研究这一论断，首先应弄清列宁如是说的时代背景与精神实质；引证和运用这一论断，则应从今日我国所处的具体历史条件来考虑，这也正是列宁说过的马克思主义理论的一个“绝对要求”②。

第二，在我们的学术研究和民族理论教学中，援引列宁这个论断时应作具体分析，弄清是指广义文化还是仅指狭义文化即精神文化，限定“两种民族文化”论述适用的范围，明确它不但不适用于物质文化，也不适用于全部精神文化领域，主要是就阶级思想意识而言。

第三，列宁关于“两种民族文化”的论断，和“两个民族”的提法密切联系。现时在我国，社会—阶级结构发生了根本变化，应当明确，

① 斯大林：《论东方民族大学的政治任务》，载《斯大林全集》第 7 卷，人民出版社 1956 年版，第 117 页。

② 列宁：《论民族自决权》，载《列宁全集》第 20 卷，人民出版社 1958 年版，第 402 页。

"两个民族"、"两种民族文化"的理论都不宜照搬与套用。这就是我们的基本结论。

以上论述，疏漏与错误之处，期望得到学界同仁的批评指正。

（写于1991年）

试论制约民族发展的几个重要因素

题　引

民族发展是当代世界的一个普遍性课题。我国民族众多，在社会主义建设时期，民族问题方面有两大主要任务：一是在政治上建立和不断完善民族区域自治制度；一是在经济、文化上谋求民族发展。这两件大事处理得好，其他民族问题也就可以迎刃而解。

什么是民族发展?

一个民族，致力于自身生命的延续；在不断改善和优化其生存环境与条件中达到良好水平；以及增强自立于世界民族之林的活力——这就是民族发展的基本涵义。

一个民族的发展，受到许多内在和外在因素的制约。这些因素既形成于民族生存发展的全过程，它们反过来又促进民族的发展。本文仅就制约民族发展的几个重要因素——民族意识、政治经济、文化素质、心理状态略作论述，以就教于同行。

一、民族意识

民族意识的主要构成，一是人们对自己归属于某个民族共同体的认同感；一是人们对本民族生存发展、兴衰荣辱、权利与得失、利害与安危的认识、关切和维护①。就后一条内容来看，民族意识无疑是一种原动力，对民族发展起着积极作用。民族意识随民族的产生而形成，存在于民族生存发展的始终。一个民族为自身的繁荣昌盛、尊严与荣誉、应享的权利和正当的利益，以及安全保障等等所进行的种种活动，都源于其自我意识的萌发与启动，这些活动促进着民族的发展，其成效又取决于发展的程度或水平。一个民族在政治、经济、文化各方面越发展，上述种种愿望就越能得到实现和满足。所以，民族意识和民族发展二者息息相关，相辅相成。从消极和贬义上去看待一切民族意识现象，显然是一种偏见和片面性。

民族意识具有促进民族发展的积极作用。要求民族发展，是古今中外任何一个民族的“本能”；民族发展意识是民族觉醒的一种表现。一个民族，如果没有这种要求和觉醒，那就不仅谈不上发展，连本身生存也难设想了。在我国条件下，这种民族意识只要它不违背、损害社会主义祖国的利益，并与祖国利益和谐一致，又不侵害其他民族，便应当肯定并加以保护。这就是我们的观点和态度。

民族意识有助于民族发展，还因为它常常与民族自豪感联系在一起。民族自豪感也是一种自我意识，它表现出为本国、本民族的历史业绩、优良传统和杰出人物而骄傲的心理状态。我们中华民族，珍视自己过去悠久的历史、祖先创造的灿烂的文化，为此而自豪，并以这种自豪感来激励现在振兴民族、建设祖国的努力，同时对祖国的未来充满着信心——这样一种民族自豪感，使56个民族的利益与祖国利益融为一体，既是爱国主义的表现，同时也是促进民族发展的一种持久的动力。

二、政治经济

马克思列宁主义指出，经济是一切社会的基础，政治是经济的集中表现。所谓集中表现，既有反映经济要求的含义，又是指政治具有为经济服

① 请参阅作者《“民族意识”初析》、《民族意识与祖国意识》二文，分见《中央民族学院学报》1989年第3期及《民族研究》1992年第1期。

务的属性。一个民族所在的国家，如果政治开明，经济发达，该民族也就能够最大限度地得到发展，这是存在于古今中外各个国家的显而易见的事实。

试以欧美一些国家为例。西欧的英、法、德、意等国，从17世纪到19世纪，先后推翻了封建主义制度，克服了分散割据状态，或者摆脱了异族压迫（如意大利），从而都建立起统一的民族国家。这些国家实行议会民主制度，政治比较开明，资本主义经济迅速兴起发展。正是在这种政治、经济条件下，英吉利民族、法兰西民族、德意志民族、意大利民族也就得到很大发展，成为最早进入近代文明行列的先进民族。列宁曾经指出："民族国家对于整个西欧，甚至对于整个文明世界，都是资本主义时期典型的正常的国家形式"；这种民族国家"最能满足现代资本主义"的要求[①]。列宁还以德国为例，指出："俾斯麦把分散的受异族压迫的德国人联合在一起，促进了经济的发展。"[②] 列宁这两段话，清楚地阐明了一个国家的政治、经济条件与民族发展二者之间相互作用的密切关系，政治和经济是制约民族发展的重要因素。

与西欧英、法、德、意诸国情况相同的还有美国。经过独立战争和北方资本主义新兴势力战胜南方奴隶制的内战，在政治上倡导"民有、民治、民享"，加上一个世纪左右的西进开拓运动，经济日益发达，美利坚人也随之形成并且迅速发展为一个近代先进民族。明治维新后日本的情况也和西欧、北美基本属于同一类型。

我国长期以来是一个多民族的统一国家。从古至今，政治、经济条件对民族发展的制约与影响，事例也是很典型的。例如，在两千多年的封建社会里，有以文景之治、贞观之治为标志的汉、唐盛世；这两个朝代的初期或前期，由于君主有作为，皇室少腐败，制度多建树，政治比较开明，生产相当发达；两个朝代中还有汉通西域、大唐与日本及印度交往频繁等盛事，中华民族也就大有发展。如以汉族来看，人丁兴旺，人才辈出，经

① 列宁：《论民族自决权》，载《列宁论民族问题》下，民族出版社1987年第1版，第311页。

② 列宁：《论大俄罗斯人的民族自豪感》，载《列宁论民族问题》下，民族出版社1987年第1版，第423页。

济繁荣，文化灿烂，堪称东方古代文明大族。不仅汉族，就是内地和边陲许多少数民族也有不同程度的发展变化。反之，在某些朝代的晚期，例如鸦片战争以后的清王朝，由于政治腐败，经济衰落，内部积弱，外受西方列强欺凌，中华民族的发展不仅严重受阻，而且沦为近代世界中的落伍者，饱经了一个世纪的苦难。

新中国建立以后，20 世纪 50 年代朝气蓬勃、欣欣向荣的社会主义政治、经济，特别是民族区域自治制度的全面实行，促进了 56 个民族的不同程度的发展，可谓史无前例。但从 60 年代至 70 年代中期，由于政治动乱，经济停滞不前，各民族发展就受到严重影响。70 年代末改革开放以来的十余年间，总的趋向和主流是政治—社会日益稳定，经济开始起飞，中华民族的发展也随之真正开始了进入现代化的历史时期，我们民族的国际威望亦因之日益提高。新中国建立后政治、经济的曲折发展进程，经历了一个两头好、中间有所失误的马鞍形状态，民族发展问题的表现也同样是如此。前事不忘，后事之师，政治稳定和经济兴旺，诚为制约和促进民族发展的两大支柱！

三、文化素质

一个民族的文化素质，大体包括知识水平、教育程度、文化修养、道德风尚、科技意识、劳动本领等主要内容。知识水平和文化修养，是指在接受各级学校教育和学校教育以外的、一个人终其一生在这两个方面的所获和积累，是文化素质高低的一种重要表现。笔者如此理解民族文化素质的内涵，是否确切、科学，还可以讨论。在整个民族素质构成中，文化素质是一个极其重要的组成部分，其内涵有时与国民素质同义。在一定意义上说，文化素质是民族生命赖以延续和发展的保障与表现，因此，它是制约民族发展的一个核心要素。下文立论，就是按这个思路来写的。

中国是文明古邦。我们中华民族，有悠久的历史和优秀的文化，其中包括对世界文明进程曾经起过推动作用的四大发明。在一般封建社会政治、经济所能达到的限度内，中华民族的文化素质有许多优长之处，水平是相当高的，它至今还使我们感到自豪，并且为世界人士所称道，某些国家所借鉴。

在今日社会主义条件下，我们中华民族的文化素质处于一种什么状况？它对民族发展这个大课题的制约与影响如何？确实值得我们认真分析研究。

就文化素质现状来说，在56个民族中发展是不平衡的。不同的民族之间有差别；同一个民族内部的不同支系、不同地区和不同社会阶层也有差别；各个民族居住于城市和乡村的两个部分，差别又都颇为明显。从总体来看，一方面，我们继承和保持、发扬了祖先遗留下来的民族文化素质中的许多优秀部分，又增添了不少社会主义的、富有时代色彩的新内容，大大促进了各民族的发展。另一方面，就社会主义制度——不要忘记这是迄今为止人类社会发展阶段的一个高层次——从民族文化素质所应达到的程度，文化素质对民族发展的能动作用来衡量，水平又还是不高，未能尽如人意的。我们应当正视这个严峻的事实，并且寻求有效提高全民族文化素质、推动民族发展的对策。本文很难就上述文化素质构成六个方面的内容全面加以论述，仅着重知识、教育、文化修养问题略作探讨。

新中国建立以来，由于社会主义建设事业的长足发展，表现于文化教育方面的民族素质正在不断地逐步提高，但是同时又存在许多缺陷和不足，不能不令人深深感到忧虑！这里仅略举众所周知的严重影响民族文化素质的一些现象与事例：

文盲、半文盲数以亿计；

中小学学生失学、辍学率高；

适龄青年接受高等教育和大学生在人口中的百分比极低，尚不及许多发展中国家；

待遇微薄，生活清苦已成为高等教育和科技界人员队伍不安定的一个因素；

图书馆、博物馆太少，近年来图书馆购置费大量减缩；

一本内容较好的社会科学论著仅仅印行一二千册；

封建迷信、宗法关系在不少乡村以至城市复燃，某些活动近乎原始愚昧无知；

我们中华民族还是一个刚刚“脱贫”的民族，但在物质生活上超前消费之风甚炽，浪费现象又相当严重；

一些城市居民的家庭收入绝大部分用于物质设备，而书籍报刊花费却微乎其微，有的城市抽样调查表明为1%；

……

新中国建立以来，我国在社会主义工业、农业、科技事业建设方面已有不少项目属于世界前列，有的项目或领域且已处于世界领先地位，与几个最发达国家并驾齐驱。但是，就文化教育事业方面来看，却有颇多项目在世界各国当中位居一百名以后。同样，20世纪70年代末改革开放以来，在我国12亿人口中，绝大部分已经基本实现温饱；相当多的一部分人丰衣足食，或曰正由温饱型向小康目标过渡；还有一部分人已在不同程度上率先富裕起来。这些事实，世界瞩目，无疑是很令人鼓舞的。但是，在物质生活已经大大改善，有的人已开始走向富裕或充实的同时，民族文化素质总体水平相对说来却大大落后；经济充裕（也只是同新中国建立后初期与中期比较而言），文化“贫困”的畸形现象和矛盾确实存在，相当突出。这种现象，通俗地讲就是人们嘲讽的“钱袋满、脑袋空”。这不能不说是民族、国家前进中的隐患，至堪忧虑！因为，这种状况严重地妨碍和制约着民族的全面发展，使各民族在现代化路途中残缺了一条腿。

贫穷不是社会主义。文化贫困和愚昧不能建设社会主义。治穷须治愚。解决上述经济充裕、文化“贫困”的矛盾的对策，自然是物质文明和精神文明建设同步，在发展政治、经济建设事业的基础上，从战略高度着眼，千方百计加速发展文化教育事业，提高全民族的文化素质，特别是各民族8亿农民群众的文化素质。为此，我们这个12亿人口的多民族大国，必须大体保持一支由各民族成员组成的，有三五千万人的教育、科技以及各类专业文化艺术人才队伍。这支队伍，应能享受到崇高的社会地位，在国家财力条件允许下的高待遇，以使他们能够终身兢兢业业、矢志不渝地从事本职工作。非如此不足言民族发展，国富民强！

今后的世界，各个国家、民族间的挑战，实质上是民族的文化素质或国民素质谁优谁劣、谁高谁低、谁长谁短的较量和竞争。我们是社会主义国家，对世界文明建设负有一分责任。我们在提高民族文化素质、促进各民族全面发展问题上，不仅要解决上述经济充裕、文化“贫困”的矛盾，而且要进一步抱以远大的理想，悬以崇高的鹄的，这就是：在非常丰富的物质生活之外，各民族更需要有高层次、全方位的文化享受，概括地说就是情趣高尚、多姿多彩的文化教育、文学艺术、科技知识、康乐健身的生活。这种生活应当深入到每一个家庭，普及于全民族成员而不是为少数人所特有。这是促进民族发展，提高民族素质的全面构想，它将意味着每一个民族、全人类社会从物质的必然王国走向精神的自由王国，从而达到人自身的完美。届时，或许也就是民族融合与消亡开始之日。当然，对于我们这个发展中国家来说，要达到上述境界，需要许多代人的努力奋斗。

四、心理状态

民族心理状态，也就是民族共同心理素质，或曰心态、国民性、民族性格，简称民族心理，它是一个民族的社会经济、历史传统、生活方式和地理环境特点在该民族精神面貌上的反映与表现。民族心理对民族发展来说，也是一个重要制约因素，或促进、或延缓，其制约作用贯穿于民族生存与发展过程的始终。

概括说来，民族心理对民族发展的反应和制约过程，一般情况首先是思考、渴望、追求、探索民族发展问题；随之是对民族发展进程中出现的事象、问题、新事物等作出反应：理解、适应、调节和承受；然后是在此基础上进而积极参与和推动。我们不妨将上述过程看成民族心理制约与影响民族发展的“三部曲”或三个联结的环节。我国改革开放以来的十余年间，各民族虽然由于历史发展与文化水平不同，心理反应互有差异，但基本上都经历了如上所述的进程。笔者认为，以我国为例来看民族心理对民族发展的制约作用，是很能说明问题的。

改革开放以前一段较长时间，僵化的经济模式以及它所造成的生产落后、生活困难的局面，一直困扰着我们这个民族。人们困惑、忧虑、依稀模糊地感到应当改弦易辙，寻求民族发展之路，并逐渐在心理上产生一种要求、渴望和探索的活动。到 70 年代末，建设有中国特色的社会主义、改革开放的号角吹响，新气象、新事物接踵出现，层出不穷，人们由不理解、观望，甚至惶惑、疑虑、担心到思考、观察、认识、理解，继而更新观念，逐渐调节、适应、习惯、接受，与改革措施合拍，直至积极参与，投身改革大潮。十多年来，改革开放日益扩展与深化，这种心理反应有时也会出现循环或反复，但总的是越来越成为促进民族发展工程中一种极为活跃的积极因素。

民族共同心理素质、心理状态，有自己存在活动的规律。笔者在《论民族共同心理素质》一文中曾经论及，民族共同心理素质一旦形成，就具有非常稳定、变化缓慢而不易察觉的特点。这可说是常规。然而，民族心理状态也会随着社会的发展而变化，特别是当社会经济、政治发生急剧变革，人们思想、意识、观念矛盾冲突、今昔碰撞、新旧交替之际，民族心理状态往往会随之呈现较快、较大、较显著的变化，这又几乎可以说是一条规律。我们试以近代中国特别是当前改革开放为例略作说明。

我国封建社会长期延续，以汉民族为主体的中华民族，两千多年来在民族心理方面变化很少。第一次较大的变化，是从 1840 年鸦片战争开始，中国沦为半殖民地半封建社会以后。当时，民族心理变化的一个主要方面，表现为由自卑、示弱、崇洋、恐洋到自尊、自立、自强；强烈的祖国意识、爱国主义的产生与增强；封闭自守观念的开始破除；变法改良，奋发图强，复兴民族，放眼世界思潮的萌发，等等。这种心理变化，对促进民族发展起过巨大的作用，集中表现于戊戌变法、百日维新，特别是民主主义先驱孙中山领导的辛亥革命；而 1921 年中国共产党的诞生，则成为中华民族开始新生和为自己的发展开辟广阔道路的契机。

我国各民族心态发生较快较大的变化，当推新中国建立以来的四十余年间，特别是 70 年代末改革开放以来的 14 年。在这短短的时间里，民族心理的显著变化，观念的更新，最重要的有如下两个方面：

一是价值观。价值观是一个民族的重要心态。概括言之，它指的是人生的意义和真谛。在不同的社会、不同的历史条件下，一个民族会有不同的价值观。我国汉民族，以及在汉区杂居、生活方式受汉族影响较大的若干少数民族，如白、苗、瑶、壮、土家、满等族，在民族心理方面除差异外又有不少共同之点。在封建社会中，在小农经济局限、宗法关系网络、封建礼教束缚下，汉族和这些兄弟民族心理的常态是人的个性的自我抑制，表现为恬静无为，忍耐顺从，安分守已，乃至近乎麻木不仁，成为“驯服工具”。改革开放以来则是：自我意识的开始觉醒与日益增强，执著地追求自我价值的实现，个性的自我解放，从而逐渐悟出个人在国家、社会与民族中的地位以及应该和所能做出的贡献。几乎可以说，今日汉民族以及受其影响较多的少数民族，正在经历和实现着西方资本主义民族早在两三百年前（甚至文艺复兴时代）即已开始了的价值观的转变。这一转变虽然来迟了，但却十分重要而令人瞩目。由于价值观的历史性转变，受民族心理制约的人的思维方式与行为方式也有了新的模式。这些心理变化，无疑都具有积极意义，已经并将对民族发展产生巨大推动作用。

二是消费心理。消费和生产、分配是密切相连的。过去，我国各民族在长期封建社会小农经济体制和低下生产力水平的条件下，重农轻商、守业守成的心理状态占主要位置。改革开放以来，各民族不同程度地对商品—市场经济逐渐产生了适应性和承受能力，从而开始了向开拓进取、创业、竞争的心理转变。20 世纪 30 年代林语堂指出的中国人民族性格中所缺乏的“改革热情、参与精神、冒险意识、英雄胆略”，今日已在汉民族和一些少数民族中萌发，与日俱增。在分配观念方面，过去汉民族心理受“不患寡而患不均”的信条、平均主义方式以及新中国建立后“大锅饭”等等模式的制约。现在，汉民族和一些少数民族心理已能基本适应按劳分配乃至部分地按资分配，打破大锅饭、“铁饭碗”，部分人先富起来同时走全民共同富裕之路的转变了。在生产和分配两方面发生重大变化的基础上，我国许多民族的消费心理有了显著的换位，表现为从但求温饱、安贫乐道、知足常乐转到一种过去几乎从未有过的“不满足感”。这种积极的心态，必然会转化为要求发展生产的巨大动力，并且在不断提高物质生活水平的同时开始产生了丰富精神文化生活的追求。例如，一些民族中开始富裕起来的农民，捐资兴学、热衷于科技、参与文化艺术生活、初步具有文化修养意识等等即是明证。这种消费心理的变化，和价值观的转变一样，大大有利于促进我国各民族的全面发展，使自己在发展为现代民族的道路上迈出坚实的步伐！

余 论

第一，在我们这个多民族的社会主义国家，阶级已经基本消灭，但民族还将存在很长很长时期。各民族的发展，也就是整个国家和社会的发展，因此就必须重视制约民族发展的各种因素，注意发挥其积极影响与作用，同时在理论上对各种制约因素广泛开展研究，借以促进各民族的全面发展。

第二，民族、民族问题、民族发展不是一个孤立自在的现象。制约民族发展的诸重要因素，也不是孤立存在的，本文所论四个主要因素都是彼此联系、相互制约的。如果将民族发展比做一棵大树，那么，政治、经济就好比是根基，文化素质是主干，民族意识有如阳光雨露，民族心理则是沃土——这二者对民族发展起着催化剂的作用，从而上述四个重要因素也就构成为一个制约民族发展的有机体。

第三，从政治角度看，民族关系也是制约民族发展的一种因素。大体说来，各民族平等团结、互助合作、民族和睦，相互取长补短，就能对各民族的发展起促进作用。反之，封闭自守、民族壁垒、民族摩擦与纷争、利己而排他、只重小我不顾大我，甚至以邻为壑，那就不利于民族发展。我们应当努力加强平等、团结、互助的社会主义民族关系，和衷共济，并肩前进，排除上述民族关系中的消极因素，借以推动民族发展的进程。

第四，我国实行马克思主义——社会主义的民族政策。新中国建立迄今，民族政策对促进民族发展发挥了巨大作用，有口皆碑，世所公认。现在，随着改革开放的深化，我国各民族日益广泛地卷入商品买卖关系。社会主义市场经济体制下的市场，实在是各族人民学习民族发展、振兴民族的一个大学校，这个大学校就在全中国，就在本民族地区，并且还在逐步面向边境、邻邦和全世界。各族人民在新形势下，思想在解放，观念在更新，就更容易改变那些旧的落后的传统心理，接受新的事物。我国的民族工作，除继续贯彻行之有效的民族区域自治、语言文字、风俗习惯、宗教信仰等政策之外，当前面临的是如何与市场经济相适应，做好加速民族发展这篇大文章。文章怎样做，这不仅是政治决策和民族工作部门的任务，民族研究学术界也要群策群力，在理论与实践上进行探索。建设有中国特色的民族学和民族理论学，如今又多了一个客观条件，有了一个更大的"舞台"。从70年代末开始，国际学者研究马克思主义民族理论的中心，事实上已经转移到我国。在继承、学习与发展这一理论方面，当前中国学者面对许多意义重大的现实性课题，这既是挑战，又是机遇。一种时代使命感在激励着中国学者，我们应当也可能做出自己应有的一份贡献！

（写于1992—1993年）

民族论坛耕耘琐记

——致都永浩同志

《民族丛刊》按期收到。早就准备为《民族丛刊》写点东西，都因事耽搁了。

改革开放的15年，也是民族理论学术界拨乱反正、立意创新、百家争鸣和百花齐放的15年，收获很大，甚至可以说是正在经历一个黄金时代。

这15年，我也几乎是以全力参与学科论坛的耕耘。现在回忆起来，觉得很有意思。我想，用书信笔谈方式写出来，不拘一格，比较自由、活泼，有助于我们之间的相互切磋，共同探索。要谈的内容，概括起来，大体是我在民族理论一些问题上思路和构想的触发、产生、形成的过程与背景，以及一些论点或命题与问题提法的涵义；末了，还想谈谈繁荣民族理论研究及其前景展望问题。这些内容，在我的文章或著述中以前或者未曾涉及过，或者略而不详，后来又增添了一些新的认识和理解，现在借这篇琐记补补课。

一

15年的耕耘中，民族共同心理素质问题成了“主角”。我对民族心理现象开始产生兴趣，感到有必要研究它，是在60年代初一次偶遇中触发的。1962年，我和几位同事带领云南大学历史系民族史专业学生到德宏傣族景颇族自治州进行毕业实习。一次，我和一位同事走进崩龙族（已改称德昂族）寨子一家民宅，打算访问。登上木楼后，看见走廊里坐着一位崩龙族（德昂族）老大爹，正在编织竹器。我们用汉话同老人打了招呼，他抬头瞟了我们一眼，随即又低下头去干他的活计。我们走进厅堂的门槛，张望屋内，老人既不阻拦，也不搭话。这样直到我们下楼，老人都是低着头干活，神态安详自然但是沉默不语，似乎始终不曾有外人来过。这次冷遇，说明历史上民族隔阂的存在，而民族隔阂就是一种民族心理的表现。从此，我对研究这个题目萌发了兴趣。实习回校后，还开了一个讲几周的专题选修课“民族特征”，着重讲了民族共同心理素质这个问题。当时讲的内容是零散、粗糙、不成章法的，但因为有新鲜感，所以同学还感兴趣。正准备再下工夫，开展研究，旋即因政治运动迭起，没完没了，这个刚萌发的念头也就被迫打消了。直到70年代末，由于改革开放，社会科学领域学术研究的闸门随之逐渐启动，我也重整旗鼓，拾起中断了十多年的民族心理研究这个课题。

1980年，云南民族理论学会筹备成立，开了一个有几十人参加的小型学术报告会。我在会上就民族心理研究问题作了一个粗浅的发言，讲到汉民族有坚韧不拔的性格，又联系到当时中国女排首次荣获世界冠军称号，认为女排的拼搏劲头也就是坚韧不拔的民族精神的体现。会场气氛顿时活跃起来。可以看出，听众对民族心理与性格这个题目是很感兴趣的，而我也从中受到鼓舞，信心倍增，并且考虑从撰写一篇概论性文章入手，进行探索。这篇文章，即后来成稿的《论民族共同心理素质》。该文可以说是我在这个专题方面的处女作。初稿首发于《贵州民族研究》1981年第4期。后来与《民族问题理论新探》一文（刊于《思想战线》1982年第2期）中的一部分——“共同心理素质是民族诸特征中最活跃、最有生命力的持久因素”合并，几经修改完稿，得到中国民族理论学会白静源、金炳镐两位之助，先刊于学会会刊《民族理论研究通讯》1982年第2期，继而得到杨文炬、修世华等诸位编辑的鼓励，全文公开发表于《民族研究》1983年第4期。算起来，从1979年开始构思到成稿、修改、正式发表，前后一共就是四个年头了。

这篇文章中提出的“共同心理素质是民族诸特征中最活跃、最有生命力的持久因素”的命题，是经过很长时间的思考才得出来的。为什么这样提？在文章中（主要是第三部分）已有论述。可以说，这个命题把全文的主题思想都包括在里面，“浓缩”进去了；或者说，是凝集与概括。如果现在对这个命题还需要加上一点补充，那就可以作如下的注解：

“最活跃”——即无往而不在；

“最有生命力”——即经久而不衰；

“持久因素”——即与民族共始终。

这三点，实际又蕴涵着一个意思：即民族这个人们共同体是不会轻易退出历史舞台，走向消亡的。

此文发表至今已有10年。人们若问我研究民族共同心理素质究竟有何意义、作用？对此，最近我倒有一点新的体会。这就是：通过对民族共同心理素质（以及民族意识）的比较系统的探索，比较深入的透视，把对它的研究置于科学基础之上，由表及里、由外在文化风貌到内在心态，就可以揭示出一个民族之所以具有巨大凝聚力的“奥秘”，从而更加深刻地去认识民族共同体的属性和民族问题的复杂性及其存在的长期性。这个体会，已见《民族心理与民族意识理论问题补遗》一文（刊于《中央民族学院学报》1993年第6期），因文字不长但内容重要，恕我在这里重复。

二

在民族理论学术界拨乱反正、开始新的探索之初，一个重要内容是比较集中地针对民族问题与阶级问题的关系即关于民族问题实质的提法。除此之外，斯大林关于“民族”的定义亦首当其冲，对此我也凑过热闹。1982年初，在接触到我国一些民族识别的材料后，我就反复思考一个问题：风俗习惯因族而异，能否算一个民族特征？我想，风俗习惯是区别不同民族的一个重要标志；对于欧美各个工业文明较为发达的民族来说，风俗习惯的共同性可能并不那么显著而重要，但就许多经济文化发展较为落后、处于农业文明社会的民族来说，把风俗习惯列为一个构成要素，作为一个共同特征就显得十分必要了。就是沿着这个思路，同年夏我写成《风俗习惯应否列为民族构成要素？（对斯大林民族定义的一点看法）》一文，作了肯定的回答。文章还就风俗习惯等一些理论问题作了论述，并认为它是民族问题中的敏感因素之一。稿成后，写信给辽宁《社会科学辑刊》编辑部的一位朋友，问可否发表此文。回答是刊物不拟登载此类稿件。实际上，在80年代初，人们对民族理论的重要性的认识并不都是一致的。事有凑巧，同年9月，中国民族理论学会在北京香山双清阁召开第二届年会，时值枫叶正红之秋，似乎在为学术界的活跃与繁荣助兴。我将上文带去与会，作为提交年会的论文。会议期间，一次在我的住室有几位同行聚首交谈，彭英明、修世华、何叔涛等在座。我对初次认识的修世华编辑说，你们《民族研究》多半是刊载民族史方面的文章，似乎很少民族理论稿件，同时并将《风俗习惯应否列为民族构成要素?》一文面交，请他指教。没想到，“将”这么一“军”，似乎很起作用，事隔三个多月，《民族研究》1983年第1期就发表了这篇文章。当时对该文所持观点加以介绍者有之（《新华文摘》及《光明日报》“百家争鸣”栏目均曾摘介论点）；赞同者有之；持异议者也有之。针尖对麦芒，要算广东学术界同行姜永兴君《风俗习惯不应列为民族构成要素》一文。情况煞是热闹，活跃了学术空气，一扫70年代末期以前的禁忌与沉闷。三年后，即1986年7月，中国民间文艺出版社编印的《中国民俗学论文选》（王文宝主编）一书将《风俗习惯应否列为民族构成要素》收入集子，这当然给我以很大的鼓励。以上所写，算是此文来龙去脉的一段回忆了。

三

“民族问题是革命和社会发展总问题的一部分。”这个命题，是我们民族理论学术界公认的一个原理，并且论述很多。80年代初，我对这个命题常加思考，遂产生一个疑问：这个命题，是否就把民族问题的性质、特点表述得十分完全，再也没有什么可说的了？经过较长时间断断续续的思索，我终于得出一个结论：“一部分”的提法首先要肯定，但不能“到此止步”，还应当指出民族问题有其自身的矛盾特殊性，亦即相对独立性。只有加上这一点，这个命题才算有了比较完整的科学的涵义。

为何提出民族问题的矛盾特殊性、相对独立性？我在有关文章及《民族理论基础》一书中作过论述，大体有这样三层意思：第一，民族问题也和其他事物与社会现象一样，有其自身的特殊矛盾。因此必须注重运用不同方法解决不同矛盾的原理。第二，马克思主义虽然认为民族问题和工人革命比较起来只有从属意义，但同时又指出，不解决民族问题，无产阶级革命也不能胜利。第三，我国“文革”时期的教训，说明抹杀和否定民族问题的存在会得到怎样一种惩罚。

以上是原有的几点认识。现在我想再作这样一点补充。内容是：在一个多民族国家中，民族问题的矛盾特殊性、相对独立性，表现于它能反作用于社会与国家政治。这种反作用，不是造成积极效果、良性循环，就是带来消极、不良以至破坏性的影响。两种可能的结果，何者出现，除受国家的政治经济、历史文化等因素的制约外，在很大程度上取决于国家的民族政策是否符合国情和民族问题的实际。

（1）一种情况是，国家的民族政策对路：民族平等、和睦相处、团结、互助合作；遇有矛盾、摩擦、冲突发生时，也能采取适当政策和有效措施加以调适、解决。结果是有利于多民族国家体制的稳定和巩固，并能促进国家各项事业和各民族自身的发展。我国及一些处于“民族和平”状态中的国家基本属于此类。

（2）另一种情况是，民族政策不善、失误；不同民族之间，特别是统治民族与被统治民族之间，或主体民族与非主体民族之间、大民族与小民族之间，充满矛盾，经常发生摩擦、不和，乃至冲突与斗争。结果是不利于社会安定，影响国家和各民族自身的发展进程，严重的还可能动摇国家的根基。例如，苏联及某些存在民族纷争的国家，在不同程度上即处于这种民族关系状况之中。

苏联解体前，在许多非俄罗斯民族中存在的被压抑的、潜伏已久的民族意识，在内部政治经济及国际气候适合的条件下一旦爆发，即不可收拾，导致建立了70年之久的“联盟”的分崩离析，毁于一旦。究其原因，非常复杂。但从民族理论角度看，没有认识或不承认、不重视民族问题的矛盾特殊性、相对独立性，甚至宣称旧时代遗留下来的民族问题早已解决，未始不是“联盟”瓦解的一个重要原因。

综上所述，可以说，提出民族问题具有自身矛盾特殊性、相对独立性的原意，就在于阐明，人们应当按照民族的特性和民族问题存在与发展的规律去处理民族问题。这就是我们认识的出发点。

四

研究民族理论，经常会碰到民族融合与消亡这样一个在今天还很难说清楚的、近乎迷茫的问题。马克思、恩格斯、列宁对这个问题只作过原则性或推理性（如与阶级和国家的未来消亡联系）、预测性的论述，未作发挥，没有涉及民族融合与消亡的具体条件等等问题。斯大林有过关于民族语言的融合最终可能导致民族融合与消亡的设想，这也未必科学。在我国的民族理论和民族政策教材中，一般都根据学术界的共同认识，把民族同化、融合、消亡问题写成一个章或一个节，对马列主义原理作了一些发挥，基本认识合情合理。我个人一向认为，应当在严格的科学的意义上来使用“民族融合”这个术语。在我国的中国通史教材中，经常讲到某个朝代有民族大融合现象，其实指的是一个民族自身的分解、变异、消失，或者不同民族之间的聚合、同化，而主要是同化现象，不是严格科学意义上说的“各民族融合成为一体，一切民族不复存在”那样一种局面。这一点是非常清楚的。

新中国建立后，我国56个民族接触、交往日益频繁而密切，相互影响，因而在政治、经济、文化等方面形成了某些社会主义共同性。有一种看法，把这种共同性称之为“民族融合的因素”，并认为这种融合因素的与日俱增已成为民族问题发展的一个历史趋向。我不同意这种看法，认为连“融合因素”的说法也最好不用。依我看来，在我国，诸如许多少数民族除母语外兼用汉语；各民族在衣、食、住和某些生活方式上有趋同的一面；各民族间的通婚比以前增多；特别是在社会主义商品—市场经济中共同接受“洗礼”，有利于彼此感情交流、打破地域界限、消除民族隔阂与民族偏见等等现象，若称之为“社会主义共同性”即比较恰当；如果用“融合因素”的提法，就不免超过事物的界限了。在社会主义条件下，各民族之间形成了某些共同性，这是一回事，而民族融合则是另一回事，两者不宜相提并论，不可等量齐观，其中可以说是有一个质的区别。在我国，今后各民族间的社会主义共同性，还会在一定范围和程度内继续发展，亦即量的增加；但同时又必须看到，在很长一段时间内，各民族原有的部分特征、民族特点和民族差别仍然会在许多方面表现得相当明显。现在过多过早谈论什么民族融合，人们就难免对民族问题复杂性、长期性的认识与估计不足，从而在民族工作指导思想方面产生不良影响。

就国际范围来说，当今世界，国家林立，民族众多，分界森严；在许多地区和国家，民族纷争不已，也看不出什么民族融合的迹象。从马克思主义观点看，严格的科学意义上的民族融合，是非常非常遥远的事情。民族是一个历史范畴，它终将走向消亡。然而，即使乐观一点估计，那也将在几十代人、若干世纪以后。在我看来，现在讲民族融合，实在是纸上谈兵！苏联当局和学者中一些人，奢谈各民族已融合成为一个“苏维埃民族”、“新的历史性人们共同体——苏联人民”；如今事实已经证明，这不过是某些人主观臆造的空中楼阁。阁下一定记得，早在80年代初，我国一些学者就曾著文揭示其虚构性。总而言之，轻言融合，有害无益。

五

一位友人告诉我，近来有个别人认为民族理论学可以取消，似乎它已无足轻重了。大概这也是前段时间商潮汹涌、“下海”激流中一点小小的浪花翻滚吧。

一门学科，有用无用，是否有其存在的价值，不以人的主观意志为转移，只有客观实际和人们的实践才有发言权。我们这个多民族的社会主义国家，是否需要民族理论，不是什么理性认识或者还需要讨论的问题，近半个世纪以来民族工作的实践早已明确给出了肯定的答案。没有理论，就没有政策；没有正确的民族理论（亦即指导思想），就没有正确的民族政策和有效的民族工作。我们在建国以后的经验，从正面确认了这一点。苏联的解体，则从反面说明，由于民族理论走入误区，对日益加剧的国内民族矛盾也就拿不出什么妙方良策。

在我国，回忆红军长征以前的时期，党还处于幼年阶段。反映在对待国内民族问题方面，就是民族情况不明；没有客观条件去学习、了解、掌握马克思主义民族理论；从而，民族纲领原则也不免是效法苏联，未能符合国情，只有一个要达到民族平等、民族团结的大框框，具体做法则有待摸索。长征到达陕北，建立边区政权之后，党逐渐走向成熟。反映在对待国内民族问题方面，无论是民族情况的了解、理论认识以及政策的制定，都随之大大前进了一步，基本定下了在统一国家范围内实行民族区域自治这个适合国情的根本政策，确定了解决国内民族问题的大方针。抗日战争中期即40年代初，在李维汉、牙含章等老一辈干部主持与参与下，出版了《回回民族问题》一书。别看这是一本小册子，里面事实上已开始运用和阐述了马克思主义民族理论的一些基本思想，并从对回回民族的确认、平等团结、实行回民自治等原则中反映出党在新民主主义革命胜利后民族政策的总体轮廓。所以，那是当时一本很重要的民族理论与民族政策文献，它对现在个别人否定民族理论必要性的看法也是一个有力的回答。至于新中国成立迄今，以正确的民族理论来指导民族政策的制定，民族工作的成就，以及民族理论研究的大踏步前进，对上述那种否定理论重要性的论调的回击就更加全面而有说服力了。虽然“文革”期间民族政策有过令人痛心的反复，但自70年代末期以来毕竟逐步得到了纠正，我国的民族政策正在日益完善，民族工作也沿着正常和正确的轨道运行，而“文革”时的错误恰恰从反面证明背离正确的民族理论会造成什么恶果！

在我国，近几年，不论是自然科学、社会科学、人文科学界，都有少数人表现出忽视、轻视基础理论研究的错误倾向，似乎应用研究便是一切。这是鼠目寸光，急功近利。民族理论学术界，我想也要有一种摈弃这种错误思潮影响的勇气，理直气壮地坚持开展基础理论研究（应用研究当然也必须加强）。马克思主义民族理论不能停滞不前，必须不断发展、丰富。从世界范围看，我们国家已成为研究民族理论的中心，但在基础理论研究方面，我们不是做够了，而是还差得远；不是可以削弱，而是要不断再认识、再深化、再完善，让真正有中国特色的民族理论学在我们学术界大放异彩！在这块园地里，我愿与同行们并肩耕耘，锲而不舍！

（写于1993年11月）

后　记

这本小书，正如题名所示，可以说是专题论文集，内容比较集中地反映了80年代以来作者的追求和探索。出这样一个小册子，早就有过打算，并曾多方寻求出版单位，但都因需要自费而不果。最近，林超民教授筹划刊行“云南大学民族研究丛书”，本书适逢其会，有幸被列为丛书的一种，并承学校出版社热情关注，尽快完成了审定程序，交付印刷厂家印制。作者夙愿得偿，在欢欣愉悦之余，不禁引发了有关友情的一些联想。

《论语》有云：“君子以文会友，以友辅仁。”“以文会友”这四个字，生动地描绘了文墨之事和人间友情两者的相互结合。这种社会风尚，有利于沟通心灵，融洽人际关系，繁荣学术，促进民族文化的发展，可以说是我国古代文化中的一个优良传统。近代和现代中国的文化教育界、学术界，继承了这个传统，并且赋予了它新的价值。

十余年来，在我进行民族理论研究的过程中，感到同行之间以文会友诚属一大乐事。我经常得到一些学者、友好的鼓励和帮助；或口头交谈，或书信切磋，获益之处甚多。这些学者、友好分别在中国社会科学院民族研究所及《民族研究》编辑部、中央民族大学民族学系及《学报》编辑部、中国民族理论学会、中南民族学院、湖北大学中国思想文化研究所、黑龙江《民族丛刊》编辑部、云南省社会科学院民族学研究所、云南民族学院以及云南大学图书馆、《思想战线》编辑部和历史系等单位工作。在这个后记里，我无须就书的内容再说什么多余的话，但觉友情可贵，这两个字分量很重，使我难于忘怀。趁本书出版之际，我谨向诸好友表示深切的谢意，并且诚挚地祝愿：文字之交不老，学术友谊青春常驻！

末了，本书不足之处，尚祈学者同仁不吝赐教，批评指正！

作　者

1994 年 9 月记于云南大学东一院

（说明：本书原名《民族心理与民族意识》，由云南大学出版社于 1994 年 12 月出版；现入选《云南文库·学术名家文丛》，按丛书的统一要求改为现在的书名——出版者。）

学术年表

熊锡元先生是我国著名的民族理论学家。20 世纪 60 年代初期，熊先生在德昂族寨子的一次偶遇中，萌发了研究民族心理现象的兴趣，开始进行了深入的探索和研究，先后发表了民族理论学、宗教学、苏联民族问题及民族文化诸方面的学术论文 50 余篇。出版专著《民族理论基础》及论文集《民族特征论集》。自 20 世纪 70 年代末期以来，熊锡元先生全力投入民族心理与民族意识的研究，在《民族研究》、《中央民族大学学报》、《思想战线》、《黑龙江民族研究》等重要学术刊物上发表了一系列论文，对“民族心理”和“民族意识”两个术语的内涵提出了具有独到见解的概念，这在当时民族理论学方面尚属首次，受到学术界及有关报刊的注目和好评。他的代表作《论民族共同心理素质》发表后，上海辞书出版社的《民族词典》“民族共同心理素质”条基本全文引用他提出的概念。1986 年，该文获云南大学学科优秀科研成果二等奖。1983 年，熊先生发表了他的另一代表作《风俗习惯应否列为民族构成要素》，文章对斯大林所作民族定义提出了一条补充，认为应将风俗习惯共同性列为民族特征之一，并对风俗习惯问题在理论上作了比较深刻的阐述。文章发表后，引起了民族理论界广泛的兴趣和评论，《光明日报》“学术争鸣”栏、《新华文摘》均及时摘要介绍其主要观点。1986 年中国民间文艺出版社将此文收入《中国民俗学论文选》，视为 60 余年间中国在民俗学理论方面的收获成果之一。熊先生的上述看法还引起了前苏联民族学界的重视，前苏联民族学家、汉学家 M. B. 克留科夫（刘克浦）在《 苏联民族学 》杂志上著文作了重点介绍和评论，并就“共同心理素质”问题与熊先生通信进行学术讨论并专程到昆明拜访。

1995年6月，获香港“伍谢瑞芝基金”的资助，熊锡元先生的学术著作专题论文集《民族心理与民族意识》一书出版。该书对我国民族理论学科的建设与发展做出了重大贡献，在学术界产生了广泛的影响，并引起了美国学术界的重视。1997年春，书中的七篇论文由美国Stockholm大学“亚太研究中心”全文英译，编为翻译集刊《中国哲学研究》之一种，由纽约M. E. Sharpe公司英译出版。英译本名为：“On National Consciousness and Common Mental Attributes”。英文本编辑米歇尔先生写了一个热情洋溢、富于学术韵味的编者引言，强调：“鉴于这些文章的学术价值，我们决定将它们出版……让这些文章引起一个广泛的国际读者群的注意。”

鉴于这些文章的学术价值，1996、1997年，英国剑桥世界传记中心（IBC）及美国传记中心（ABI）分别将熊先生的传记收入其名人录。

熊锡元先生除研究著书外，长期为云南大学的本科生、中国民族史专业硕士生及云南省社会科学院研究生讲授“民族理论基础”课程，并指导青年教师多人，为云南大学的民族学重点学科的建设和发展做出了重要贡献。

熊锡元先生关心国内外大事，现实是他学术研究之源，也是他心之寄托。20世纪90年代，他虽已是耄耋之年，但思维极为敏锐，不时有令人耳目一新的独到见解发表。1992年，他撰文《科技与教育不应归入第三产业》在《光明日报》上发表，指出21世纪各个国家、民族的竞争，实际是科技和教育的竞争，“科技、教育对社会经济起着龙头、先行、先导、制约，乃至决定的作用”。“科技和教育不能以第三产业泛泛而论，它们的重要功能与社会作用，绝不亚于第一和第二产业”，应予特殊的重视。

图书在版编目（CIP）数据

熊锡元学术文选 / 熊锡元著．—昆明：云南大学出版社，2014（2015重印）
（云南文库·学术名家文丛）
ISBN 978-7-5482-1749-7

Ⅰ.①熊…　Ⅱ.①熊…　Ⅲ.①民族学—文集　Ⅳ.①C95-53

中国版本图书馆CIP数据核字（2013）第288338号

出 品 人：周永坤
统筹编辑：柴　伟　陈　曦
责任编辑：李兴和
责任校对：严永欢
封面设计：郑　治

书　名	熊锡元学术文选
作　者	熊锡元　著
出　版	云南大学出版社　云南人民出版社
发　行	云南大学出版社　云南人民出版社
社　址	昆明市翠湖北路2号云南大学英华园内
邮　编	650091
网　址	www. ynup. com
E-mail	market@ ynup. com
开　本	787mm×1092mm　1/16
印　张	11.75
字　数	186千
版　次	2014年5月第1版　2015年8月第2次印刷
印　刷	昆明卓林包装印刷有限公司
书　号	ISBN 978-7-5482-1749-7
定　价	35.00元